生活轻哲学书系

阿兰·德波顿 主编

THE SCHOOL OF LIFE

HOW TO CHANGE THE WORLD

因为有你，世界在变

〔英〕约翰-保罗·弗林托夫 著 段媛媛 译

人民文学出版社
PEOPLE'S LITERATURE PUBLISHING HOUSE

著作权合同登记号　图字 01-2016-2899

图书在版编目(CIP)数据

因为有你，世界在变/(英)约翰-保罗·弗林托夫著;段媛媛译.—北京:人民文学出版社,2016
(“生活轻哲学”书系)
ISBN 978-7-02-011752-9

Ⅰ.①因…　Ⅱ.①约…　②段…　Ⅲ.①哲学-通俗读物　Ⅳ.①B-49

中国版本图书馆 CIP 数据核字(2016)第 139196 号

责任编辑　卜艳冰　张玉贞
装帧设计　赵　瑾

出版发行　人民文学出版社
社　　址　北京市朝内大街 166 号
邮政编码　100705
网　　址　http://www.rw-cn.com

印　　刷　山东德州新华印务有限责任公司
经　　销　全国新华书店等

字　　数　75 千字
开　　本　890 毫米×1240 毫米　1/32
印　　张　5.25
版　　次　2016 年 8 月北京第 1 版
印　　次　2016 年 8 月第 1 次印刷

书　　号　978-7-02-011752-9
定　　价　28.00 元

不完美是最终结局。完美只是一个目标。

——艾弗·卡特勒

目录

第一章 / 引言 / 1

第二章 如何着手改变 / 7

一 战胜失败主义 / 9

二 什么驱动着我们 / 23

三 策略的思考 / 40

四 见证 / 58

五 你需要什么 / 63

六 迈出第一步 / 69

第三章 什么需要改变以及如何改变 / 81

一 增添美和乐趣 / 83

二 如何看待金钱 / 90

三 让事情变得有吸引力 / 103

四 爱的帮助 / 115

五　以和平化解冲突　/　122

第四章　结语　/　139

延伸阅读　/　149

Notes　/　156

Introduction

第一章　引　言

如果有机会，你愿意改变这个世界吗？你当然愿意。如果你手中握有魔杖的话，你马上就想改变很多事情。

毕竟，这个世界迫切需要改善。需要改善的地方实在太多了，以至于在夜晚，我们常常煎熬难耐，辗转难眠。白天，我们会为许多不顺心的琐事而大发雷霆。然而当我们心情好转时，却又任由自己想象生活在一个无忧无虑的平行世界里。

尽管每个人的个性不同，但我们都会同意，就算这个世界可以改变，做起来也会非常艰难，难到我们甚至都不愿意去尝试。

这是令人羞愧的，因为积极改变对我们自己也会带来好处：我们会发现自己拥有更深切的同情心，拥有能展现自己创造力的机会，而且还能培养自己无畏的性格。更好的是，事实证明：改变世界也能产生深厚而持续的满足感——不仅是当我们“完成”改变世界的时候（如果我们真的能够改变世界的话），而且是在通向“完成”所迈出的每一步中，我们都能体会到这种满足感。

如果你真的读到了这里，说明你已经对改变世界产生了兴趣。你也许还充满信心，相信自己能做点什么。但是，并非每个人都会有这份自信。在这种情况下，请记住，本书提出的观点来自于古老的智慧和最新的科学研究成果。这些并不仅仅是理论，而是有历史事实为依据：它们已经被证明是有效的。当你读完本书后，你应该为改变世界做了更充分的准备，并有更坚定的意志去实施。

为了支持我的分析，本书搜罗了许多故事，不仅有历史故事，还包括世界各地的逸闻。有些故事具有重大的历史意义，有些故事则源于我自己的亲身经历，或是我认识的一些人的生活。这也正是为了表明，改变世界不仅仅只是一些伟大人物如甘地、特蕾莎修女、纳尔逊·曼德拉等人的事业。

我觉得用这些个人的故事并无不妥。相反，如果我不以自己的经验为例，就空泛地论断每个人都有能力改变世界的话，那才是令人羞愧的。这些故事并没有特别出色的经验，它们只是恰好发生在我自己身上而已。女权主义理论告诉我们："个人的就是政治的。"果真如此的话，那么我们只能通过相当不起眼的个人经验来证明。个人的经验看起来大同小异，但它们却显示，"平凡普通"的个人日常行为竟然也有改变世界的可能。

本书的目的不只是为你提供几个有关思想的建议。实践出真知，只有当你付诸实践时，才会产生最大的价值。当你阅读本书的时候，想一想如何把书里的道理运用到你自己的日常生活中去吧。

然后，去尝试吧！

How to Start to Make a Change

第二章　如何着手改变

一　战胜失败主义

作为世界上数十亿人中的小小一员，我能指望自己做出什么改变呢？我们很多人都有这种消极的观念，为什么会这样，其实有很多原因。也许是我们从小到大接受的教养方式，也许是我们一辈子所遭遇到的种种挫折和不如意的事情，也许是我们曾经期望**有所作为**但最终失败的痛苦回忆。

但事实上，我们每时每刻都在造成改变。真正的问题在于，如果我们只是无意识地去发挥影响，那就不可能得到所期望的结果。

一些人不相信自己每时每刻都在造成改变。在这种情况下，我们也许应该暂时放弃掉以全球的视角来看待事情，转而聚焦于我们日常生活中的人际交往，如此一来，我们便能时时刻刻地决定，要么接下来采取什么行动，要么接受别人的想法。不管哪种情况，我们的行为都是有目的的，也都会产生效果。你也许会争辩说，我们的日常生活很难能够创造历史。诚然，这无法和恺撒大帝入侵不列颠、成吉思汗劫掠巴格达和哥伦布发现美洲新大陆相提并论——这恰恰是许多人对历史的理解。“人类历史就是伟人的传记。”英国历史学家托马斯·卡莱尔写道。但是“伟人”历史观早就过时了。如今，我们认识到，那些伟人不可能独自缔造他们的丰功伟业。因而，我们要在迄今为止一直被忽视的一系列小插曲中，去发现深远的历史意义。

俄国作家列夫·托尔斯泰是最早注意到以下观点的人之一：更准确地说，历史是由普通人的日常生活琐事共同作用的产物——“一个无限多的人的无穷小的行为的组合”。

正如托尔斯泰所认为的那样，从早上起床的那一刻起，直到晚上上床睡觉，我们一直都在创造历史。不仅仅我们**所做的事**是在创造历史，我们**没做的事**也在创造历史。很明显的例子就是选举。投票能决定谁当选，不投票也能左右最后的成败。即使从逻辑的角度，我们也能得出结论：我们甚至在上床睡觉后也在改变世界——我们上床睡觉，就不会熬夜起草一些震撼全球的宣言，也不会在大街上寻找并帮助无家可归者。

这当然没什么问题，顺便说一句：我们所有人都需要睡觉。但是托尔斯泰的真知灼见让我们认识到，我们所有人对眼前的事物都负有责任。“我们每个人都是必不可少的，每个人都是不可替代的，”美国原住民活动家伦纳德·佩尔蒂埃说，“在这场结果不是最好就是最坏的艰苦的选举大战中，我们每个人都是起决定作用的关键。”

然而，自我们上学起，我们所受的教育就是，历史是帝王将相的行为记录。这种陈腐的观点在我们心中根深蒂固、挥之不去。许多国家仍在积极提倡这种观念。

在柏林墙倒塌二十周年的纪念典礼之际，世界各国领袖都纷纷飞往德国，为广大群众发表演讲。

为了这个特殊的历史事件，他们来德国显示自己的功劳，这真是令人吃惊，因为这些世界领袖们与柏林墙倒塌真的没多大关系。事实上，东柏林与西柏林之间的高墙之所以倒塌，完全因为那些普通的柏林市民所做的点滴小事。看到一些邻国“民众力量”造成的剧变，加上东德其他地区爆发大规模游行示威之后，许多柏林人跑到边境这里，只是想看看到底怎么了。面对大量民众的突然涌现，把守柏林墙的士兵不知所措，他们也意识到了近期邻国发生的事情，于是打开通道，

/ 柏林墙：当人们蜂拥而至时，士兵们不得不让人们通行。

让大家可以自由进出。过了不久，柏林墙失去了隔绝的作用，于是人们就把它推倒了。而这一事实确确实实地表明：我们并不一定意识到自己的行为正在改变这个世界。

我们在谈论这个世界如何让我们感到沮丧时，总是不可避免地使用诸如“体制”或者“现状”这类词，然后耸耸肩，抱怨自己无能为力。如果在我们的城市中央筑起一道高墙，将我们与亲朋好友隔离，我们也许会这么做，毕竟这么做要比反抗轻松。想象一下，我们想要举行一个街头派对，却发现被一些微不足道的市政法规明令禁止，这些法规的原意并不是为了阻止人们在街上开派对，但我们最后还是选择了放弃。事实上，我们是有选择权的。我们可以试着修改这些法规，或者干脆不理会它们。

让我们用孩子也能理解的方式来解释：把“现状”想象成一个大权在握的国王。闭上你的眼睛，然后努力去想象他的样子。你是怎么知道他是一个大权在握的国王呢？是因为他头上戴着巨大的王冠吗？是因为他坐在金灿灿的宝座上吗？不，这些都只能告诉我们他是个国王。那我们如何知道他**大权在握**呢？这是从他身边的人看出来的。看到这些人匍匍在地，浑身发抖，就可以知道国王的权力所在。彰显国王权力的是这些人的行为，而不是国王自己。如果这些趴在地上的人站起来，抬起头，转过身，开始谈笑风生、抽烟或者打个盹，那么想象中这个头戴王冠、坐在宝座上的国王，看起来就不是那么大权在握了。现在我们想象这个拥有权力的国王是舞台上的一个演员，而那些匍匐在他面前的人也都是演员。演员匍匐在这个看似很有权力的国王面前，但他知道自己只是在演戏：他随时都可以站起来去做别的事情。在现实生活中，我们也可以挣脱出日常扮演角色的羁绊，去做别的事情，但我们常常忘了这一点——甚至不知道自己可以这么做。

之所以会这样，部分原因是传统观念，以及从孩提时期就教给孩子们关于帝王将相的历史，这些观点都认为，身居高位的人一定握有权力。正如童话《绿野仙踪》所说的那样，父母和老师鼓励孩子们相信，他们（以及其他的“权威”人士）具有至高无上的权力。当我们长大成人，我们又被鼓励去相信雇主和政府也都握有权力。事实上，只要我们相信这种说法，也正因为我们相信这种说法，他们就真的握有权力。

把反对强权国王和日常生活联系起来似乎有点奇怪，但是世界上有很多人在面对欺压时会真的感到软弱无力——无论这些欺压你的人是统治者、雇主还是你的亲人朋友——你必须牢牢记住这一点（这样能让你如释重负）：即使是服从，无论它会带来什么结果，也必须是你自己做的选择。

托尔斯泰很困惑为什么人们不能理解这个道理。他不能理解为什么普通的俄国农民加入沙皇军队，愿意去杀死其他的俄国农民，也许其中甚至包括他们的父母兄弟——仅仅是因为沙皇让他们这么做。托尔斯泰被这个问题和其他有关社会正义的问题所困扰，他最终放弃了上流社会的生活，隐居在自己的庄园。在庄园的时候，他和一个当时住在南非的年轻的印度政治活跃分子互通信件。托尔斯泰回了很多信，随后结集出版了《给一个印度人的信》。

提及英国东印度公司对印度的欺压时，托尔斯泰写道："一家商业公司奴役了一个拥有两亿人口的民族。若把这件事告诉一个不蒙昧的人，他一定无法理解这是什么意思。区区三万人——他们并不是身强体壮的人，只是普通柔弱的办事员——竟奴役了两亿精力充沛的、聪明的、能干的、热爱自由的人们，这究竟意味着什么呢？这些数字不正是表明了……印度人自己奴役了自己吗？”

与托尔斯泰通信的那个年轻人就是莫罕达斯·卡拉姆昌德·甘地，他和托尔斯泰一样，都来自特权阶层。但是当甘地在南非因为他的黝黑肤色而被扔下火车时，他就已经感受到不公正所带来的耻辱。从那时起，他就致力于反抗压迫。当甘地回到当时正受英国统治的祖国印度后，就发起了争取自由的非暴力不合作运动。

甘地认为意志的改变非常重要，因为它是改变服从和合作模式的先决条件。他要求印度人民做到几件事：首先是心理的改变，从被动的服从转变为主动追求自尊和敢作敢为；其次，使人们了解自己的妥协等于变相帮助殖民政府；最后，要有决心，绝不合作，也绝不服从。甘地认为，这些改变可以通过意识层面的影响而加以推动，因此他致力于鼓吹这些改变：

我的演讲就是要激发这样的“不满”，即让人们认识到，与政府进行合作或是支持政府是一件耻辱的事情，尤其是这个政府已经完全不值得人们尊敬和支持。

奴隶一旦下决心不再当奴隶，从那一刻起，他就挣开了脚镣。他不但解放了自己，并且还给他人做了示范。自由与奴役都是一种精神状态。因此，我们第一件事就是告诉自己："我将不再接受奴隶这个角色。我不仅不会遵从命令，还会反抗命令，因为它们违背我的良心。"

自然的，英国人对甘地的行为大为恼火。直到今天，有些人仍然很难接受不服从的合法性。他们会说，人人必须遵守法律。但是抱有这种观点的人也得承认，一旦希特勒掌权，所有的德国人都必须完全服从他。现在几乎没有人认同这种说法了。相反的，大多数人相信，在特定条件下，反抗和不服从是完全合法的。

日常的现实情况是，并不是每个人都会完全顺从。很多人有时候会违反法律，或者违反不太严厉的法规，而且有些人还经常这么做。一些人这么做是为了自私自利，而有些人是为了高尚的目标。充满戏剧性的大规模的民众反抗，仅仅是更具体证明了这种普遍而日常的真理。

如果你拿起这本书，是因为你已经有了改变世界的一些想法——比如，你想生产价廉物美的鞋子——你可能会被已经读到的东西弄得有点惊慌：甘地谈到精神上的奴役，我自己提及了希特勒。这些事与你有什么关系呢？当然，事实是，想改变世界，我们不必相信自己是奴隶或是生活在独裁专制的统治下。我们只需要去相信有些事情是真的错了（目前市场上的鞋子太贵？穿的不舒服？），而且确信我们再也不愿忍受这种情况了。

尽管如此，我提到纳粹德国仍是有目的的。我想说的是，即使你认为自己的努力不能决定大局，但尝试也是有必要的。

怀疑论者经常说，普通大众的非暴力政治活动不可能打败纳粹。他们说得对吗？假设从来都不可能被证实。吉恩·夏普鼓励我们不要深陷于关于非暴力运动是否“可能”打败纳粹的争辩泥潭中，而是去思考，在德国境内和其他被占领国家，纳粹实际上受到什么样的非暴力反抗的。

夏普是牛津大学和哈佛大学的终身教授，他在 1960 年出版了第一本书，由阿尔伯特·爱因斯坦作序。在这部巨著的第一卷《非暴力行动政治学》中，夏普要求我们摘掉有色眼镜，认识到政治权力就是我们自己的权力——政治权力并不仅仅存在于投票箱中。除了这本书外，他还在其他作品中提供了内容多得惊人的有关非暴力反抗纳粹的全面描述，而这些事例却经常被军事史学家所忽视。

这样的例子太多了，我无法在这里一一列举，下面的每一段都指出了很多种非暴力反抗的方法。

当犯人们从波兰的监狱中逃跑时，一个年轻的女电报员冒着生命危险，故意不发出要求增援的信息。

在挪威，老百姓对德国士兵视而不见，就像他们不存在一样，并且拒绝在公共交通工具上和他们坐在一起。这个做法听起来还比较温和，却足以让德国人感到羞辱。以至于德国占领者下了个命令：如果电车上有空座位的话，人们就不能站着。谁又能想象得到纳粹的士气是如此虚弱呢？

在丹麦，国王也佩戴着黄色的星星[①]，来对那些被迫戴上

① 译者注：黄色星星是大卫之星，由两个等边三角形组成的六角星，起源于以色列国的大卫王，是犹太教和犹太文化的象征。

黄色星星的犹太人表示同情。当丹麦官员得到命令要求把犹太人围捕起来驱逐出境时，他们故意把消息放出去，让犹太人有足够的时间躲藏起来。很多丹麦人漠视纳粹的宵禁令，夜晚在外面想待到几点就待到几点。

在荷兰，25000名犹太人成功地藏匿起来，他们中的很多人得到了非犹太人的帮助。

在德国，一群非犹太公民在他们的犹太丈夫或妻子被带走后举行公开抗议。这次抗议发生在战争最高潮的时候，地点就在柏林的市中心。令人难以置信的是，抗议者们得到了他们想要的：他们的配偶都被送回了家，并且安全度过了战争的剩余时间。

在希特勒开会的时候，德国陆军元帅们两次愤然退席，以示反对。

憎恶纳粹政权的医生故意让年轻人体检不合格，让他们不必服兵役。(他们被称为“您好”医生，因为他们与病人打招呼时只说“您好”，而不是说“希特勒万岁”。)

面对“不许弹奏美国爵士乐”的禁令，德国音乐家干脆给自己喜爱的曲子起了个德国名字继续演奏。

最著名的反对希特勒政权的行动是由“白玫瑰小组”组织的。他们制作反对纳粹的宣传单，从电话簿里随机选取一些人，将传单邮寄到他们家里。这些传单早在1942年就已出现，此时正值德国战事顺利的时候。“我们将不再保持沉默。”一张传单上写着，“我们问心有愧。”这些传单遍布德国各地。没有人想得到，“白玫瑰小组”居然是一小群朋友组成的。他们的最后一份传单从德国偷带出去，在印刷了数百万张后，通过盟军的飞机空投到德国境内。消息甚至传到了集中营。“当我们听到慕尼黑所发生的一切时，”一个囚犯后来回忆道，“我们互相拥抱，鼓掌。毕竟，在德国还是有有良知的人的。”

这些行为有的也真是小得可笑：演奏美国爵士乐！但正如我们将看到的那样，就算是最微不足道的反抗行动，也都能激励他人起来抗争。

如果没有这些微小的抗争，希特勒的政权可能会更加残暴。换个说法，如果当时有更多的人敢于反抗的话，也许纳粹就不敢做出那些令人发指的暴行了。

我们谈论这些事情，不光是对过去人们的行为加以评判，而是为了对现在的自己提出挑战。想象自己在当时的纳粹德国能做出大胆的行动，其实是很容易的事。但真正的问题在于，有什么事情是我们今天应该去做的，有什么事是现在正在进行而我们应该加以阻止的。扪心自问，我们自己是否曾有过知道应该去做些什么，但却什么都没有做的时候？那种后悔莫及的感觉你要牢牢记住。为了避免再次出现那种感受，我们一定要勇于行动。

二 什么驱动着我们

有些人可能是幸运的，他们会清楚地知道他们想要改变什么。但是对于很多人来说，他们并不确定需要改变什么。这个世界有很多问题需要解决，而且每个问题也有很多方法来解决。令人惊讶的是，我们常常发现自己深陷于这样一个矛盾之中：一方面，我们迫切地想要做些什么；另一方面，我们却不知道从何入手。

从过去的巨大成就中寻找灵感，并不总是有帮助，因为成功之后最普遍的现象就是，一切都是理所当然的：过去看起来不可能实现的事情，在实现之后就变得如此普通。基于同样的原因，一些特殊的个人承担的角色，事后总是给人一种印象，那就是这些人必然要承担起重责大任，这些人注定要改变世界。比如说，我们很难想象甘地会过着一种平静而体面的中产阶级生活。但是，他本来确实可以一直这样生活。但甘地最终没有选择这条路，因为他发现与他所从事的法律生涯相比，别的事情更为重要。

同样的，如果我们希望改变世界的话，就必须试着了解什么事情可以驱动我们前进。我们特别要好好思考：我们是要遵循自己的兴趣，还是受责任感的驱使而行动?

历史上，很多人都努力遵循宗教权威的教导，他们可能是期望有一个更好的来世。康德提出了“责任本身就是目的”的观点：完成责任，既不是为了获得上天堂的奖励，也不是为了避免下地狱的惩罚。他认为，只有当我们撇开所有的源于欲望或喜好的动机时，道德行为才会出现。但是，这种思想可能导致极度的盲从。正如哲学家彼得·辛格在他的《我们要如何活着?》一书中所指出的：

> 在审讯之前，纳粹党员阿道夫·艾希曼突然宣布并强调，他的一生正是按照康德的道德箴言，特别是康德

对责任的定义来行事的……偶尔他也会同情被他送进毒气室的犹太人，但他认为，一个人在履行自己的职责时应该不受同情心的影响，所以他还是坚定不移地执行自己的职责。另一个纳粹头目海因里希·希姆莱则告诉那些奉命屠杀犹太人的党卫队，既然他们被召去完成这项“令人憎恶的义务”，那么不管喜不喜欢，大家必须要执行到底。

18 世纪的哲学家休谟反对康德的观点。休谟认为，如果做一件事情的原因足以影响我们的行为，那么这一原因必定与某些欲望或情感有关。如果休谟是对的，那么回答“我应该做什么”这一问题的唯一方法就是：首先问自己“我**想要**做什么”。

但这个逻辑也有危险：我们可能只会追求狭隘的一己私利。从某方面来说，这无可厚非，但大多数人都会在他一生中的某个时刻，意识到仅仅为了追求私利是不恰当的，这种感觉通常是在我们真正明白自己生命有限的时候。

几个世纪以来，人们刻意地运用死亡意识，激励自己专

/ “看看你们现在的样子，我们以前也是如此。看看我们现在的样子，你们将来也会如此。”对人类终有一死的清晰意识始终占据着我们的脑海。

注于拥有更美好的生活。中世纪的欧洲流传着一个故事，这个故事有多种版本，讲述了三个骄傲、英俊又富有的年轻朝臣骑着马穿过森林，在那里他们看见了三具腐烂的尸体。尸体对他们说："看看你们现在的样子，我们以前也是如此。看看我们现在的样子，你们将来也会如此。"不难想象，这个事件让三个年轻人陷入了思考，因为这种事情确实会在真实的生活中发生。经历过死里逃生的人会说，濒死体验能够重新塑造一个人的性格，让他更清楚地认识到什么才是最重要的。佛陀也有相似的觉悟。他从小在王宫中长大，全然不知民间疾苦。有一天他走出宫殿，看见一个老人、一个病入膏肓的人和一个死人。佛陀询问他的车夫，这些事情会发生在哪些人的身上。"殿下，生老病死，每一个人都会如此。"车夫的回答让佛陀感到震惊。佛教徒们认识到这些可怕的景象具有极大价值，它们是上天给予的启示，可以促使我们寻求觉悟。

哲学家史蒂芬·巴切勒在他关于佛教和存在主义的研究著作《与人相处》一书中提出，我们都"知道"我们会死，"知道"我们死后遗留的一切都将最终消失或杳无踪迹。但大多数人表现的样子却好像恰恰相反——仿佛我们永远都不会死似的。并且我们不承认自己在这个宇宙中的渺小，因为想到这一点就令人恐惧：我们居住的地球只是一个围绕太阳运转的行星，而像太阳这样的恒星在银河系中大约有三千亿颗，而像银河系这样的星系在宇宙中大约有几百万个！太阳最终会变冷，地球上的生命终将灭绝，但宇宙仍将继续存在，完全无视太阳与地球的变化。

真实的存在意味着接受我们终有一死的命运和在宇宙中的渺小——并且决定过有意义的生活。

萨特把人们的境遇描述成这样一个矛盾状态："人是被判定为自由。"但是加缪却把存在比作希腊神话中西西弗斯的艰苦境遇：希腊诸神处罚西西弗斯，叫他不停地把一块巨石推上山顶，而由于它本身的重量，巨石又从山顶上滚下来，西西弗斯只能再次推石上山，周而复始地做着这件徒劳无功的事情。

正如辛格所说，如今，生命毫无意义这一观点早就不是个令人震惊的发现。每天都有一些对生活备感无聊的年轻人在重复这样的观点。但这并不表明我们不能在有限的生命里有所作为。加缪认为，即使是西西弗斯，他也能够从推石上山中获得满足感："没有什么命运是不可战胜的。"

但是，只有当我们敢于直面命运的时候，才能战胜命运。如果我们真的那么做，我们就可以获得勇气，向着自我实现和自我成长迈进。精神病学家克里斯·约翰斯通已经证实了这一点。在对酗酒者和吸毒者的治疗中，他明确而肯定地指出，如果我们禁止自己谈论负面事物的话，那么"我们就等于禁止自己抱怨与发泄不满，但是，发泄不满才是解决问题的前奏"。约翰斯通把我们的不满称作"冒险的召唤"，响应这种召唤，才能让我们把世界变得更美好，正如佛陀看到"生老病死"而走向觉悟一样。许多童话故事也都以类似的情节开头——生活出现灾难性的转变，或是揭露的真相令人震惊，迫使主角不情愿地进入故事，最终主角拨乱反正，胜利归来。

让你接受那些不愉快的事情，这似乎有悖常理。但如果你不去正视实际存在的问题，就可能缺乏必要的决心和毅力去解决问题。这一点在下面的例子里表露无遗。有些人担心气候变化的影响，于是不断请教专家我们是否能够"平安度过"。如果专家回答"是"，他们就会像从前那样，安心地照常工作、生活。如果专家回答“否”，那么这些人就会陷入绝望之中。这两种态度都无法改变现状。

研究表明，当人们对事情的发展感到忧惧，却又失去努力的方向时，这种忧惧会降低人体的免疫力，引起身体不适。精神病学家维克多·弗兰克尔一生最伟大的著作，就是根据他在纳粹集中营里的体验写成的。凡是对未来失去希望的囚犯，最终都无法逃脱死亡的厄运。在《活出生命的意义》这本书中，弗兰克尔引用尼采的话说：“懂得‘为何’而活的人，几乎‘任何’痛苦都可以忍受。”如果我们能够找到理由，我们就能克服任何困难。

> 人并非完全是受到限制和决定的，相反的，他可以自己决定是向现实屈服还是与之对抗。人，不仅仅是活着而已，他总是要决定他的存在到底是什么，下一刻他到底要做什么。同样，每一个人都有随时改变的自由……人类存在的主要特征之一就是：人有能力面对限制，超越限制。

弗兰克尔坚持认为，在寻求幸福之前，必须先寻求意义，一如我们必须寻找幸福的理由。一旦找到这个理由，人就会自然而然感到幸福。但是，当弗兰克尔谈到意义的时候，他指的不仅是那些或许会刻在我们墓碑上的丰功伟业，他的意思是，在我们所处的任何情境里，都潜藏着某种意义。“对意义的认识，归结为在特定的处境下，意识到自己能够做什么。”

近年来，弗兰克尔的主张已经被马丁·塞利格曼发起的“积极心理学”运动所肯定。塞利格曼和他的同事运用科学方法，将一群人分成两组，让他们各自享受不同类型的乐趣，以进行比较研究。第一组人体验的是纯粹的享乐，例如做足部按摩或吃巧克力。另一组人则让他们从事他们自己觉得“有意义”的事情。结果发现，第二组人获得的满意程度表现得更深厚更持久。有几个人表示，“回味时的愉快感受”不但让他们感到这一天过得非常美好，也让他们认为自己整体而言有了提升。

换句话说，改变世界让人感觉良好——这比狭隘地追求一己私利更好，甚至比你边吃巧克力边做足部按摩更舒服。

这里说的做“有意义”的事情，并不一定是指惊天动地

/ 帮助你的邻居让你感到愉快还是讨厌?

的事情。另外，如果那些做同样的事情但从未思考过自己为什么要这么做的人，就不会获得同样的满足感。举个简单的例子：你的邻居身体不舒服，你帮他遛狗；你这样做也许是因为你真的想在邻居有困难的时候帮他一把，但也有可能你是不情不愿地做这件事。前一种原因让你感觉很好，第二种则不会。

这解释了下面的问题，如果改变世界只是靠日常行为就能完成的话，还是会有一些人主动去做这件事，而另一些人则不会。有些人仅仅通过消极的不作为来改变世界，有些人则是积极主动地去寻求改变，两者之间显然存在着差异：只有积极寻求改变的人，才能真正体会自己确实对生活做了选择，并能清楚地看到自己的选择造成的结果。改变世界，必须要有目的性，而目的性是可以培养出来的，只要我们经常问问自己："我为什么要做这件事？"

这个问题有助于我们了解克里斯·约翰斯通（与休谟的说法相呼应）所说的"隐藏在应然之后的欲望"。我们不可能在沉闷的义务感驱使下去改变世界——但是，如果我们能够找到一种方法，既能够改变世界，又能让我们做自己最喜欢的事情，我们则会更乐意坚持下去。

当我们沉浸在自己所钟爱的活动中时，我们是活在自己内在的价值观中。这些不是大家口头上常说的普遍价值观，而是对我们个人来说极为重要的一些理念——这些价值观会让我们一大清早就起床，或者一有问题出现就马上关掉电视去处理。也许很多人抱着与我们相同的价值观，但总的来说，我们都有自己独特的价值观。

要想知道自己价值观的一个方法就是询问自己：从最完整的意义来说，我觉得什么样的生活是美好的生活？哪种生活是我真正羡慕的，哪种生活是我日后愿意回味的？具体来说，列一个清单，写下在你去世之前想完成的事情，并且想一想需要哪些步骤来实现这些梦想。

你也可以尝试对“我是谁？”这个问题写下十个不同的答案。每个答案应该都有让你感到兴奋的不同原因，找出这些原因，看看能不能发现某种模式，然后再把这些答案从最喜欢到最不喜欢进行排序。每个人的答案都会不同，但大多数人的答案可能都会包括人际关系（我是父亲、儿子、丈夫、兄弟、朋友、邻居等等）、谋生方式和兴趣爱好。虽然要找出每个答案令我们感到兴奋的理由需要花费一些精力，但这样做是值得的，因为这能让我们了解自己是个什么样的人，而这些事情我们之前可能从来没有想过。

另一个类似的练习是，记录下最近或很久以前，曾让你感到充满活力的事情或人际关系，然后（这一点同样重要）试着分析原因。请诚实地回答问题——我们不需要“有意义的”答案。例如，如果你感到打高尔夫球让你感觉充满活力，请把它写下来。然后问问自己：你喜欢打高尔夫球，是因为你喜欢户外活动，或者你在这项运动上有优势，还是你喜欢有机会和人聊天，或者是其他的原因？当你找到了原因，再问问自己为什么喜欢这个答案，写下答案，接着继续分析你在打高尔夫球中获得的快乐，直到找出你喜欢它的“终极”原因。然后你可以问自己，还有什么事能让你获得同样的终极满足感。这个练习可能会像这样：

我喜欢什么？——打高尔夫球。

为什么？——因为我喜欢看到我的朋友们。

为什么？——因为我喜欢在户外悠闲地和朋友们聊天。

为什么？——因为我是个喜欢交际的人，而且我喜欢知道人们平常做事的真正原因。

从这里你可以总结出，主动和人交谈会使你得到满足，或许你可以接受培训，成为一名顾问或咨询师。这可能需要一点努力，但是通过这种方式去改善世界，你得到的快乐就和打了一场高尔夫球一样。

此外，当我们练习的答案出现差异时（无论差异有多小），我们应该回顾整个过程，并且牢记当时是什么感觉。

做这个练习很有必要。光是阅读或者浏览一下不会对你有任何帮助。只有做这个练习，你才能更深刻地感受到哪些事物能赋予你的生命以意义。

这种练习有助于我们决定该如何行动，因为我们面对的问题不是“生命的意义是什么”，而是“怎样使我的生命充满意义”。而问题的答案就是行动。

过于强调特定的历史事件可能会造成误导，实际上，道德是以更普通、更常见的方式出现在我们的生活中。维多利亚时代的艺术家、作家约翰·拉斯金曾提出过这样的疑问：为什么我们不假思索地把奖章授予那些在某一特定时刻拯救他人生命的人，却从不授予那些奉献数十年来养育孩子的人？

如果从更加宽广的视角来看，我们会发现，即使是普通人也具有伟大的特质。一位研究者曾经询问一些石匠他们在做什么。其中一个石匠回答说，他的工作是把石头打磨成方形，然后运出去。另一个石匠说，他是为了养活妻儿而工作。第三个人，虽然觉得他在做和前两个石匠同样的事，但除此之外，他也认为自己努力工作是为了建成一座宏伟的大教堂，这座大教堂会永远屹立在那里，即便他死后很久，人们也能来进行祈祷。这三个石匠，他们每个人都在从事建造教堂的伟大工作，但只有一个人认识到了自己工作的伟大之处。正如拉斯金所描述的那样，我们其实也可以用“伟大”一词来形容父母日常对孩子的养育——因为这种工作就和石匠凿刻石头建造大教堂一样，你把祖先的好品质保留下来并发扬光大，然后传承给子孙后代。

小说家兼哲学家艾丽丝·默多克强调，美好的生活不只包括偶尔做些大事，比如献血（一种不那么引人注目的拯救生命的方式)。“自由是由时时刻刻发生的零碎小事构成的，不是在重要时刻克服一切的巨大飞跃。”自由是指我们随时随地从事的行为。

同样至关重要的是，美好生活也和我们怎样看待周遭事物密切相关。默多克认为，我们应当培养一种“警觉”。通过养成一种习惯，关注日常生活中具有价值的或是符合道德的事情，我们就可以磨炼自己在关键时刻行动的能力。她写道：“凡是能把人们的意识引向无私奉献的东西，都是有用的。”

那是因为，如果我们真的想改变世界，就必须把他人放在第一位。我们呈现的每一种态度、表达的每一个词语、采取的每一个行动，都使我们与他人产生了联系。在个人的思想、观念和情感领域，我们可能是孤独的，但是我们想改变的世界却包括他人。

这就给我们提供了一个重要线索，告诉我们可以在哪里找到我们所追寻的意义，那就是：帮助他人。因为我们不这么做的话，我们仍然是在追求狭隘的一己私利。

三　策略的思考

在理解了驱动我们的力量之后，我们应该能更好地在许多值得关注的问题中做出选择了。一种方法就是像我一样列一张清单，把问题按重要性进行排序。可能像这样：

· 战争

· 贫穷

· 环境破坏

· 饥荒

· 政治腐败

……

不过，每个人的清单都是不同的，有时候甚至完全不同。在世界某个地方人们担心的问题，可能其他地方的人并不关心（即使他们“应该”关心这些问题）。例如，如果我们没有经历过饥荒，甚至不知道哪里正在闹饥荒，那我们真的很难把消灭饥荒当作我们的使命。正如上一章所探讨的，如果我们对某件事情并不感兴趣，我们就不会有动力去处理这件事情。由此，你不应该认为我列出的清单比你自己列的更有价值。然而，如果你像下面那样写的话，别人可能都会认为我的清单更有价值，这倒是真的：

· 花更多的时间与孩子们一起烘焙面包

· 演奏更多的美国爵士乐

· 做一点石匠工作

但如果你从更广泛的视角去审视你的清单，你会发现自己清单的伟大之处：

· 花更多的时间与孩子们一起烘焙面包 = 把我们祖先的好品质传承给子孙后代。

· 演奏更多的美国爵士乐 = 违反希特勒的禁令。

· 做一点石匠工作 = 建造一座宏伟的大教堂，即使在我们死后很久，人们也能来进行祈祷。

换言之，如果你选择的任务初看之下并没有那么雄心勃勃，那可能只是因为你为人谦虚，还没有找到合适的词去表达它的重要性。如果这样让你感到苦恼，你可以追问自己："我为什么要做这件事呢？"但基本上，比较清单孰优孰劣并不重要，只要你追求的是对你来说有意义的事，并且在某种程度上能够帮助他人，这样就行了。

同样的，为了系统性地分析我们正面临的问题，我把这些问题分成四种类型：

1. 这类问题影响了每个人，但没有人（或几乎没有人）能够想出解决的方法（因为光靠个人的力量是无法做到的）。这些难题可能包括在战争状态下、在残酷的专制统治下，或在到处充斥着暴力犯罪或腐败横行的缺乏法治的环境里，人们该如何生活。

2. 这类难题只影响了一些人，但并不影响所有人。例如：纵观历史，有一些种族、宗教团体或者妇女儿童，他们的权利被剥夺；或者，极度的贫穷使得一些人不可能过上幸福生活。

3. 这类难题对每个人都造成了威胁，但只有一小部分人意识到这一点。这可能包括像气候变化、自然环境遭到破坏、人口增长、资源短缺等问题。

4. 不算是难题，而是机遇。如果我们附近的街景很难看，可能让我们非常讨厌。我们或许已经想出美观而有效的方法去整治公共设施。或者构想新的选举制度。我们可能发明某种事物来改善我们的生活，我们可能创造美丽的艺术，或写出发人深思的作品。

如果你想到的是第四种类型，那就简单多了，你就无须担心该如何停止战争、推翻独裁者、拯救地球、喂饱饥民、救死扶伤这类事。毕竟，如果每个人都致力于解决这些巨大的难题，结果没有人去从事农业这类“微不足道”的小事的话，那么这世界恐怕会变得更贫穷。

为了挑出你最为关注的问题，你可以试着草拟一份备选清单——比如把你认为最重要的五个选项列在上面。不过，列出你确定只要动手去做就一定会成功的事情——也就是说绝不可能会失败的事情，这个做法会比较有用。通过这样的方式，我们可以摆脱内心喋喋不休的杂音——就像在说“不论怎样我们都不可能成功的”或者“你以为你是谁呀”这类让人沮丧的话。今天我的清单是这样的：

1. 为我的街区组织一场圣诞派对。
2. 找到某个人拨款设立一个奖项，奖励给以廉价的方法从荨麻中提炼出纤维的发明者，这种纤维可制作高品质的耐用衣料。
3. 发起信用合作社运动，发行“并行货币”。当银行不肯借贷时，为其成员在一定时间内提供资金周转。
4. 与当地咖啡馆商量，由咖啡馆提供墙面，给当地艺术家（包括孩子们）提供一个创作的空间。
5. 设立一个网页，使当地的人们能够上传新闻。

不管怎样，做法要力求明确具体。举例来说吧，有些人担心“贫困”或“动物权益”等问题，但他们对想要解决的问题到底是什么并没有清晰的概念，这一点常常出人意料。没有人能彻底消灭贫困，因为（正如拉斯金指出的）贫困和富有是相对的，就像南和北一样。因此使我们担忧的贫困到底是什么？说得再明确一点，要了解事物的本质，我们必须不断问自己，为什么某件事是个问题？一开始这样做似乎很傻：怎么会有人不理解贫困是一个问题呢？但除非我们清楚地了解问题所在，否则我们不可能找到具体的解决方法。

这一点的重要性再怎么强调也不为过：如果你不知道自己想要解决的问题是什么，那么就不能解决问题。

在仔细了解了整个过程后，我们会发现对于“贫困”的关注可以归结为：让世界上的每个人都吃饱穿暖。到了此刻，我们再来决定到底是让人们先吃饱还是先穿暖。当我们精确锁定问题之后，才能继续思考该如何来解决。

确定了目标之后，接下来我们必须思考该采取什么方法来实现目标。我们应该参加选举来修改法律？还是参加社会团体组织？或“只靠”自己默默做好事？

选择什么方法，取决于你想尽力改变的是什么：每一种方法都是有用的，都会产生效果，但是每一种方法也都有各自的弊端。从政治入手，我们可能一下子就达到目的或取得丰硕成果，但为了竞选成功，我们可能需要经过多年的准备，并且在整个竞选过程中，我们经常被迫妥协。例如，我们是带着特定的使命进入政坛的，却发现随着政治事业的开展，原先的使命被其他事物所取代，其中就包括我们并不信任的政策。

另一方面，如果我们独自一人行动，虽然可以避免妥协，但得到的成果有限，我们会很难感到满足。

有时候，需要走哪条路是非常清楚的。律师兼环保人士波利·希金斯的结论是，阻止生态系统遭到大规模破坏的最好方法，就是设立一个新的国际罪行——“生态灭绝罪”。

希金斯总结道，只要破坏生态的行为仍然合法，企业就会继续这样做，而就算他们不这样做，也会有其他人来破坏。只要这些破坏性的商业行为仍然是合法的，企业就会持续地从更安全但更昂贵的项目中抢得资金及研究人员。

这种禁止生态灭绝的法律应该像那种反人类罪的国际法一样被强制执行，而且针对的是个人而不是公司，那些即使只是“依令行事”的人也要被判定为有罪。这样，禁止生态灭绝的法律将会督促每个“依令行事”的下属举报他的破坏生态的上司：世界上的每个人都自然而然地成为环境的守护者。

希金斯是在读到19世纪早期英国废除奴隶贸易时受到启发的。废奴运动者认为，零敲碎打地改善奴隶的生活条件是没有用的。他们希望完全废除奴隶制。那时，英国有300家公司从事奴隶贸易。他们竭力反对废奴运动，认为这样做会导致失业，并且宣称公众也希望维持奴隶制度。他们许诺为奴隶提供更好的条件（比如给奴隶的床铺换上新鲜的稻草），还表示最好的做法是尊重市场机制。但是奴隶制被废除了，奴隶贸易补贴被取消了，反过来去补贴其他更为有益的商业活动。在废除奴隶贸易后的一年，英国奴隶贸易公司在其他商品（包括茶叶和瓷器）的贸易中开始获利。“企业和经济在面临着坍塌的危机时，可以一夜之间改变方向。”希金斯说，她仍继续为推动改变而奔走呼号。

制定一项新法律不是件小事。这并不是说它不能实现，而只是提醒人们，要想说服将近200个国家的常驻联合国代表准备接受一项新的法律并颁布实施的话，那么必然需要大量的人力事先完成大量的工作。

最近我与一位投身政坛数十年的人士谈论起这件事——她是主流政党的党员，并且曾是英国议会议员候选人。我被她坚定的执着所震惊，她认为改变的唯一方法就是竞选议员，或者是投票给那些能够制定“正确”法律的人。她说，奴隶制被废除，是通过议会；同性恋被合法化，是通过议会；教育的普及和发展，同样是因为议会决定所有的孩子都必须接受义务教育。

我对她所说的议会制定法律的方法并无异议，但是我认为，一般说来，如果这些观念没有被社会上大多数人所接受的话，议员是不会投票通过法案的——的确，他们也没有权力这么做。

仅仅颁布法律未必能带来巨大的改变。甚至在奴隶贸易被废除之前，许多关注奴隶问题的人已经停止了买卖奴隶。此外，尽管奴隶贸易已经被废除，但时至今日，奴隶制在某些地区仍继续非法存在着。类似的，尽管同性恋在许多国家已经被合法化，但这并不意味着同性恋者在日常生活中就不受歧视。尽管议会立法要求父母必须让孩子上学，但令人吃惊的是，仍然有许多孩子辍学了，一些孩子甚至不会阅读。

公元10世纪时，曾有谋臣对统治英格兰的丹麦国王克努特说，他拥有强大的权力，甚至能够使海浪停息。为了证明大臣是错的，克努特来到海边，下令海浪停息。结果可想而知。大家知道，议会的权力并不比克努特的更大：光靠立法禁止或合法化某件事，并不必然地产生改变。真正能产生改变的，是人们发自内心的决定——正如我们看到的那样，即使没有议会介入干预，人们也会改变自己的行为。

如果你想让人们感到他们有能力做出改变，最重要的是必须让他们靠自己的力量来做出改变。相反，如果你坚持认为他们必须等待他人伸出援手的话，你会使他们感到自己缺乏力量，同时也剥夺了他们的责任，而这种责任对他们来说是必要的，也是有益的。作家兼活动家丽贝卡·索尔尼特说，除非我们感到自己有能力做些什么，否则我们就没有希望。"希望并不像你坐在沙发上手里攥着的一张彩票，期待可以碰碰运气中奖的东西。希望是一把斧子，让你打破封闭的大门。希望呼唤行动。"

/ 希望不是消极思考，希望呼唤行动。

我有个朋友经常向我抱怨银行家的贪婪。我问他用的是哪家银行。那是一家全球银行业巨头之一，但该银行在历史上有过各种不光彩的行为。朋友说，他希望银行以及铁路和其他公用事业都收归国有。我告诉他，他可以立即使用他想要的银行，只要他把账户转往由像他一样的普通人开办的银行，比如遵循严格的道德投资政策经营的银行就可以。为什么要等待呢？——也许永远也等不到——为什么要等待议会立法设立一家他其实马上就能找到的银行呢？他说他太懒了，不高兴去换个银行，但不管怎么样，他还是希望议会立法要求银行业严守道德伦理，让每个人都能享有好处。

我很迷惑，这样一个为政党拉选票，不惜花好几个小时挨家挨户去敲门的人，竟然会描述自己“太懒”？但我向他保证，更换银行账户不需要花太长的时间，并且任何想要利用信用合作社的人都可以开户。如果他不需要，那就算了。但是，如果他对现成的机构都懒得亲自劳神去使用的话，他有什么资格一个劲儿地要求别人支持立法设立国有银行呢？

我认为，议会最好的功能就是它颁布了反映绝大多数人意愿的法律，尽管内容可能并不完美。对现状不满的人们——就像我的朋友——总是认为，他们只需要让议会制定一个新法律，就可以将他们自己的观点强加在别人身上。但为了实现这一点，我们有时候似乎不得不和政府发生冲突。

过去，试图做出改变的人们通常是凭直觉自发地行动。吉恩·夏普感叹道，要是人们对前人曾经采用过的行动有更深入的了解，会不会大大提高他们的效率？因此他着手编写了一份非暴力行动的方法清单。在这份费时多年的作品中，夏普最终明确列出了198种方法。（“非暴力行动”一词不怎么文雅，可能给人反文化的印象。但似乎没有人能够想出更好的词汇，来描述这许多日常发生的造成改变的方法，而这些方法又恰巧不涉及暴力。）

夏普列出的方法中，有一些例子可以追溯到遥远的有记载的历史，有些例子来自于世界各地。第67条“工人怠工”，据说是摩西和以色列人使用的方法，用来表达对法老的不满。第90条“拒绝纳税”，是古代不愿纳税的中国人使用的方法，在得知税吏前来收税时，他们就把自己的财产埋起来或是藏到山里。第57条“莱席斯脱拉塔式的不行动（拒绝性生活）”，可能被古希腊妇女所采用，她们通过拒绝与好战的男人过性生活来制止战争。但夏普发现，近代也有类似的例子，伊洛魁族和南罗德西亚的妇女也用过相同的方法。近来，肯尼亚的妇女也在使用这种方法。

有些方法太常见了，所以看起来没什么新意，例如第2条“反对信或支持信”。但是这种方法仍是有效的，在某些情况下，甚至做到这一步都需要勇气。即使在号称言论自由的国家，写下反对普遍共识的观点也是危险的。你可能不会被关进监狱，但你很可能丢掉工作。

其他的一些方法需要勇敢地挺身而出，例如第66条：“全盘的个人不合作”。在第二次世界大战期间，美国一位拒服兵役者科比特·比夏普，他拒绝吃饭，拒绝穿衣，甚至拒绝起立。他的身体没办法行走，只能被搀扶着进出法庭和各种监狱。他被强制插上管子进食。最终，在众多报纸的公开宣传下，他获准回家，而没有附带任何条件。

夏普整理的许多方法通常需要不止一个人的参与。例如第193条，“使行政系统不堪重负”，就在越南战争期间被美国人使用过。当时的征兵法要求人们，如果“地址或现状有任何变更”，必须在10天之内告知政府。许多反战人士决定认真执行这项法律，使官员们不堪其扰。人们写信给政府，说他们已经从同一座房子的一个房间搬到了另一个房间。还有人写道，他们正考虑旅行，然后又写信来说他们改变主意了。最近这种方法也被用来使官方的电脑系统瘫痪。

另外还有一些方法可称为“不合作”。简单来说你可能更愿意把它看成不与你不喜欢的体制或他人打交道——例如：不购买剥削工人的公司生产的产品，或为了减少二氧化碳的排放而拒绝乘坐飞机。

另外一些方法可以归为“主动干预以破坏现状”，也就是在现有方法之外另辟蹊径。这些创新不一定“另类”（这个词带有贬义），也不一定对现状构成威胁。由中将罗伯特·贝登堡发起的世界童子军运动就是一个极为成功的例子。在目睹了那些被派往参加布尔战争的英国新兵极差的战斗状态后，贝登堡决定为此做点什么，于是他创立了童子军。为了培养尚武精神，他带领一群青少年在一个小岛上扎营了几天。[①] 尽管一开始参与的人并不多——他的观点带有狭隘的英国民族

① 译者注：罗伯特·贝登堡带领一群青少年在一个小岛上露营了数天，每天进行生火、炊事、追踪、侦察和急救等训练。

主义色彩，而且军事气息也过于浓厚——但是，童子军运动还是传遍全世界，并完全成为主流。

就像战争一样，在你选择战术之前必须要有战略。要做到不合作或抗争，方法不必总是消极的。举个例子，针对那些使用“及时送货”服务的雇主们，日本工会发动名为“送得更快”的罢工，来支持工人们的加薪要求。我正好看到了一个英国的类似例子。由于削减预算，一家图书馆面临关门的威胁。当地居民联合起来，将图书馆的书全部借走，只留下空空如也的书架。（奇妙的是，他们安排得很好，最后一本被借走的书是玛丽·诺顿的小说《借书者》）也就是说，他们通过确实使用图书馆的行动来表明他们反对关闭图书馆的计划。

这种策略如此巧妙，它的目的非常明显，但手段却不露痕迹。但与此相对照，其他人的方法就显得拙劣多了。在相似的情境下，有些人在绝望中可能会选择完全不同的方法——例如向市长泼油漆，或进行绝食抗议。

我们如何决定在合适的时候选择合适的方法呢？我们可

以依靠自己或是在朋友的帮助下从头脑风暴开始。他们是否拥有和我们同样的愿望并不真的重要，哪怕假装对我们的愿望感兴趣，简单来说，我们只需要他们能提出一些想法，这就行了。他们过来一起讨论，也许并不是赞同你的观点，而是更喜欢头脑风暴这种方式，因为这是个让他们自由思考的好机会。几十年前的一个心理测试发现，一群商务人士接受创造力测试，他们的得分非常低；等到第二次接受测试时，实验者要求他们“把自己想象成嬉皮士”，结果令人惊讶，刚才还那么无趣的这群人，竟然都表现出了惊人的想象力。同样的，如果有人不像你这样关心此事，你可以请他暂时假装自己是当事人，他们很可能比那些与你真正志同道合的人能提供更好的想法。

无论是独自一个人进行头脑风暴，还是与他人一起商量，关键是要把这些想法写下来。这些想法是严肃的还是无聊的，实用的还是不实用的，都不重要。只要把想到的都写下来，不需要检查、解释或捍卫任何观点，也不要批评或者赞扬他人的观点，直到这个过程结束。

当你收集了大量的想法后——至少 20 个——再仔细地把

这些想法看一遍。删除那些没用的想法。然后再看一遍，挑出那些最有用的观点。只要短短5分钟的头脑风暴，你就会发现一些非常聪明的想法。

四　见证

当然，并非每个人都清楚地知道自己负有的使命。好在这种欠缺并不会妨碍我们产生巨大的影响。我们可以传达需要解决的问题，也可以帮助其他人解决问题，这些都能够改变世界。

这两种类型的信息可能会吸引不同人格类型的人——悲观主义者会倾向于指出问题，乐观主义者可能喜欢讨论并找出解决的方法。但是，这两种类型的信息都是很重要的。你必须找出哪种信息更吸引你，或者说，哪种问题和解决方法你更感兴趣。这可通过你对人们说的故事种类来判断。你谈论气候恶化吗？还是谈论店铺关门？或者谈论人们变得没有礼貌？你是不是更热衷于激动人心的新发明，更喜欢告诉人们有机会看见的激动人心的事件？如果这仍然不起作用的话，那么就在周末读上几份报纸，再写上一份内容摘要吧。看看到底哪种类型的故事会抓你的眼球。你是更注重问题，还是更注重解决方法呢？如果把这些写下来并不那么容易的话，那也不要紧。见证——也是改变世界的重要组成部分。

如果我们决定用更直接的方式去唤醒和启迪他人，我们应该非常谨慎。记住，只有一个方法能让任何人做任何事，那就是：让他们自愿去做。而要做到这一点，必须改变他们的思想。

戴尔·卡耐基在他的畅销励志书《人性的优点》中建议，不要从你们持有异议的事情上开始讨论，要从意见一致的领域开始。这个理念就是让对方不停地点头称是，并且不惜任何代价阻止他们说不，因为一旦他们说了“不”，那么要他们改变想法会让他们感到丢脸。如果你已经试着理解他们的喜好，你会更有可能让他们说“是”。卡耐基又说，真诚地站在对方的角度看问题，不要虚情假意，如果缺乏真诚的话，说什么都没用。

这就是推销员采用的方法，也是古希腊哲学家苏格拉底采用的方法。苏格拉底提出的问题总是引导对方说出肯定的答案。他不断地提出这种问题，直到对方改变主意，甚至在无意间同意自己不久前反对的立场。举一个我自己的例子来说吧：我和朋友合租一套房子，房东想要在年底提高房租，不过我们负担不起涨价后的价格。我打电话给房东，表示很遗憾我们打算搬走，然后问他与我们两个房客相处得是否开心。他回答说，是的。我说我想他必须付给中介一笔手续费帮忙找新房客。他郁闷地说，是的。我问他，如果房子短时期空置，他是不是会亏点钱。他说，是的，是会亏。我接着指出，如果他的房子空置哪怕短短两周，他希望通过提高租金增加的收入就不足以弥补他的损失，是不是这样？是的，他说。我接着说，即使他付了中介手续费，也可能最终碰上不好相处的房客，仔细考虑一下，如果他把租金维持在我们能够承受的水平，会不会更好呢？结果他同意了不加租，所以我们又住了一年。

这种开放式的谈话并不一定能引导到我们想要的方向，但是它远远比尖锐的对抗要好，尖锐的对抗会使人不愉快并且引发痛苦。情况甚至可能更糟：例如，演讲时告诉大家环境恶化的问题，但是却没有同时给人们提供对策，这将会使听众感到沮丧，甚至感到身体不适。正如弗兰克尔所认为的那样，人们需要一种目的感，才能克服逆境。调查显示，这部分地解释了长期失业者患病的比例要比其他人高的原因。

套用哲学家雷蒙德·威廉姆斯的说法，关键不是让人绝望，而是设法让希望实现。

这就是特伦纳·科马克尽力去做的。她成了希望的先知，而不是厄运的先知。几年前，在一个聚会上，一位年轻的女士（科马克）走到我身边，问我是否有兴趣看看她自己撰写、自费出版的一本书。出于礼貌，我回答说愿意。但是当我真的读了这本书后，内心深受感动。之前科马克曾付费参加了一场名为“成为改变”的演讲活动——“成为改变”一词借用自甘地，他呼吁我们“欲变世界，先变其身”。在这个活动中，演讲者所涉及的话题，很多是令人忧心的内容，包括环境危机和社会不平等，但是科马克惊讶地发现，尽管谈到很多令人沮丧的现象，但整体而言演讲却给予人们一股积极乐观的动力。科马克说：“我发现演讲厅里挤满了摩拳擦掌、准备创造更美好世界的热情观众。”在为期三天的活动里，他们发现许多演讲者都忙于参加各种鼓舞人心的活动。“我暗自思忖：‘这太棒了！应该有本书介绍这件事。’”

接着演讲者把问题抛给了观众：“这里说的不是舞台上圣贤的故事。你们要做些什么，才能成为你希望看到的改变呢？你们的任务是什么呢？”科马克深吸了一口气，意识到她刚才设想的这本书就是她自己为改变所作的贡献。她做好了安排，采访了许多对她有启发的人，写下他们的说法，然后自费出版，并且自己走出去推销这本书。

科马克并没有宣扬自己的宗旨，而是致力于让其他人的努力广为人知。

弗雷德·莫特尔是一位加拿大艺术品经销商，他也做了相似的工作，向人们宣传那些积极解决棘手难题的人的事迹。莫特尔曾经为公益事业捐款，但并没有以此为满足。后来他同一些人联合起来，建立“基金网络”作为慈善人士的论坛（甚至包括那些极小额捐款的慈善人士），让大家了解有哪些社会变革的项目，并且资助这些项目。一些有意义、有价值的公益事业代表，受邀在定期的社交活动中向“基金网络”成员中潜在的资助者进行“推销”。在不到十年的时间里，数千名赞助商为几百个公益事业募集了数百万英镑，其衍生网络也已经在各国建立起来。

我们没必要做到像科马克和莫特尔那样的程度。即使是只言片语也是对人有帮助的。我有个朋友在偶然的场合告诉我，他在一个我几乎不了解的名叫匿名戒酒会的组织中得到了帮助；但是就是这寥寥数语使得我在真正需要的时候，把匿名戒酒会这个组织推荐给我的另一个密友，而他也因此重获新生。

五 你需要什么

到目前为止，你应该已经发现哪种事业是你希望施以援手的，并且明确了自己在其中的位置。我们已经准备好进行一场冒险旅程，但最后一件事情仍然是必不可少的——我们必须考虑我们所需要的资源，以及我们的同伴。

物质上的资源很重要，但此时我头脑中显现的是一些个人素质：技能、经验、心理和情感能力。有些素质你也许会列在求职表上——但有一些可能不会。

为了更好地了解自己的技能，我最近着手写了一个工作经历表，包括我过去做过的那些兼职、假期打工或一些无聊的工作。我决定从现在起，不再把自己仅仅看作是个作家。我还可以是位艺术家、烘焙师、职业教练、木匠、清洁工、厨师、撰稿人、装修工人、遛狗师、英语老师、电影制作人、园丁、地图绘制者、自行车邮差、小型出租车司机、诗人、记录良好的儿童保育员、合格的急救员、印刷工、出版人、垃圾收集员、童子军团长、二手书商、裁缝、打字员、服务员、洗碗工，以及其他各种工作人员。我不得不承认，拟定这张表大大提高了我的自信。

我们都曾经列出过自己的工作经历、技能和爱好清单，但是我们几乎从来不在我们的局限和缺点中寻找潜力。我们也许会惊奇地发现自己能做的事还不少。这听起来像是一个悖论，但事实上并非如此。

就拿理查德·雷诺兹来说吧。他蜗居在伦敦一栋高楼里，附近缺乏绿色空间。几年前，他开始清理他家附近巨大的圆环花圃，把人们丢弃的所有烟头清除出去。然后，他再在圆环里种上一些花花草草。随着时间的推移，他懂得了哪些植物适合生长，哪些不合适。有时会有人故意毁坏植物，有时还会有当地官员前来干涉，警告他无权做这些事情。但是，当地的其他居民却被雷诺兹感动了，并加入了他的行列。渐渐地，他们的行为扩展到了其他地方，包括巨大的安全岛，他们在安全岛上种满了成排的薰衣草。久而久之，雷诺兹的事迹传了出去，并且他还听说别处也有人在做和他相似的事情。他们发起了“游击园丁”运动，如今已经成为主流。不久前，在路过伦敦一家大型百货公司的时候，我从橱窗里看到里面展示的商品上印着雷诺兹的脸庞。这家商店正在出售“游击园丁工具组”。雷诺兹种下的种子已经在各个方面蓬勃发展起来了。

需要记住的一点是，雷诺兹的成功源于一个非常特殊的恩赐：他没有自己的花园。

从我们的缺点、失败和匮乏中寻找潜力，可以让我们以全新的视角重新审视自己的人生。如果我们认识到缺点、失败和匮乏的价值，就会发现，必须改变的不是我们所拥有的资源，而是我们看待资源的方式。这意味着，我们应该抓住机会改造这些缺点、失败和匮乏，而不是忽视它们或避而不谈。这需要我们发挥创造力，进行正向思考——不是找出一些牵强附会、毫无道理的乐观理由，而是找出真正具有价值和潜能的东西。我们很有可能会在过去从未想过的领域找到巨大的力量。

人们常常认为，我们当中最强大的人是那些已经经历过最大困难的人。（就如尼采所说，任何不曾杀死我的东西，让我更强大。）慈善机构“和平指导”（Peace Direct）为世界各地以社区为基础的和平组织提供援助和建议。从事这项工作的人，许多都是早先做过不少可耻之事的少年士兵。通常来说，我们会认为这种背景是个缺点，但是从重建和平的角度来说，这些人是协助人们建立和平的最好人选。

换句话说，我们所需要的东西，往往正是我们已经拥有的。

简单来说，我们应该考虑一下，比如，平常你认为单调乏味的工作是否可能帮助我们获得辉煌的成就？在古代佛教的《坐禅和赞》中，日本白隐禅师就曾写道：“人们舍近求远，就好比水中央的人喊渴一般，多么悲哀啊。”这句话用来形容冷战时期发生的一件事再贴切不过了。当时苏联和美国正在竞相进入太空，一个名叫保罗·费舍尔的美国人花费巨资研发了一种可以在外太空书写的钢笔。美国航空航天局买下了这种钢笔并配发给宇航员。与此同时，苏联则选择了一个美国人不屑使用的非常朴实的替代品——铅笔。

在仔细考虑过我们所拥有的资源后，接下来我们应该采取一种类似法医取证的方法来评估我们的同伴。正如我们所看到的，光靠一个人单干，我们不可能取得巨大的成就。

克里斯·约翰斯通在与吸毒者和酗酒者打交道的过程中，鼓励这些人将自己的支持网络绘制成图。我们不妨也这样做。首先，取一张纸将你的名字写在中间，在你名字的周围写上那些曾经给过你最大帮助的人的姓名。然后从每个人的姓名出发画上箭头，指向你的姓名，通过箭头的粗细来表示他们给予你帮助的多少（箭头越粗代表帮助越多）。再用同样的方法，画相反方向的箭头来表示你对他人的帮助。如果可能的话，可增加更多的名字。

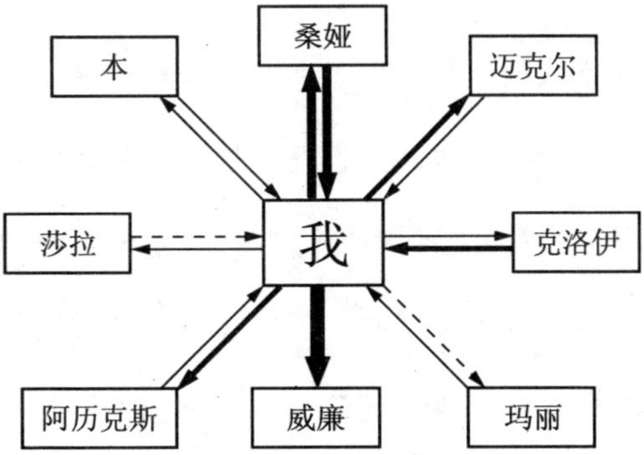

在画了这样一张关系网络图之后，你可以考虑是否要做些调整，比如和哪些人加强联系，和哪些人疏远一些。在我举的例子中，你可以看到我给予威廉许多帮助，但没有得到丝毫的回报；克洛伊给了我极大的帮助，而我却回报甚少。约翰斯通指出，最有发展性的关系未必是提供最多支持的关系，而是互惠互助的关系。“他们是你生命中十分珍贵的资源，”约翰斯通说，“珍惜他们。相互支持的关系要远胜于单方面的巨大付出。”

约翰斯通说，既然你已经画好了自己的关系网络图，那就去告诉朋友们，你计划做什么事情，并明确寻求他们的帮助。当你这么做的时候，想帮助你的人就会做得更多，而不仅仅只停留在口头上的支持。他们会帮你想主意，甚至会把你的事情当作自己的事情来做。

第一眼看去，我们会发现求人帮助非常困难，担心这可能会造成别人的负担。但是大量的证据表明，当你向别人求助时，对方会感到很高兴，这对他们来说是一种荣幸。只有一种情况会让对方感到不悦，那就是对方找不到理由拒绝时。因此，当你在寻求帮助时，要向你的朋友说清楚，如果他们不方便帮忙也没关系，无论是什么原因——而且无论现在还是将来，他们随时都可以拒绝。

如果对方知道可以随时拒绝，那么他们最后几乎都不会拒绝——如果能得到别人的帮助，大家团结在一起合作，一定会成就一番事业。

六　迈出第一步

我们已经想清楚了驱动我们的力量，也仔细审视过我们需要做的事情、我们可能使用的方法以及我们需要的资源和同伴，现在，我们应该做好准备开始了。但是当我们想到要处理这么宏大的问题时，可能会不知所措。从我们上的第一节物理课开始，我们就知道：要推动的物体越大，需要的力量就越大。物理定律是正确的，但物理学的新见解却表明，这种巨大的力量可以很容易地从许多微小的运动中获得。

混沌理论教导我们，看起来微不足道的初始条件可以影响全球乃至全宇宙。正如该理论所说的那样：某个国家有一只蝴蝶扇动着翅膀，结果在另一个国家引起了一场龙卷风。相同的理念也适用于我们的生活。环保积极分子乔安娜·梅西在她的工作坊运用如下的实验，戏剧化地展示了一些“蝴蝶效应”作用于人类生活中的情形。

乔安娜·梅西在与莫利·杨格·布朗合著的《回望人生》一书中解释了这一实验。该实验在一大群人和一大片开放的空间中进行时效果最好。梅西给出指示：在这群人里随机选出两个人，不指明他们是谁，这两个人移动时，你自己必须与这两个人一直保持相等的距离（不一定要站在他们正中间）。三个人会马上开始绕圈而行，其中一个人的移动必定会以主动而相互依赖的方式引发其他人的移动。

> 参与者发现他们必须保持着宽阔的视野和敏捷的反应。这一过程带有目的、令人紧张却也夹杂着欢笑声。一会儿加速，然后又减速，再加速，又接着减速，再趋于平衡，但这个过程很少会静止下来。

这个过程持续了四到五分钟，当活动减缓后，梅西请人们停下来，回想一下他们刚才的经历。通常参与者会提及自我意识的暂时缺失，因为他们的注意力不是更多地聚焦在自己的行为上，而是集中在他人的行为上。他们觉得自己成了整体的一部分。

有时，梅西（她自己也加入这项实验）在静止一段时间后，会故意移动以扰乱系统的平衡。有趣的是，人们几乎没有注意到是谁引起了这一连串的事件，但事后人们记起了这突然间开始的活动——而且意识到只要一个人微小而刻意的改变是如何产生深远影响的。

所以，必须有人先采取行动，否则这种刻意的改变就不会发生。但是为什么首先采取行动的必须是我们呢？对于该做出的改变，我们唯一不做的理由就是，别人似乎都对我们要做出的改变无动于衷。这归结于某些人性的本质：我们是社会动物，我们通过观察别人来学习正确的行为方式。

此外，每一次突破都是因为有人决定去做一些新的事情。第一个人的行动给其他人“开辟了道路”——哪怕那是他们自己早就想做的事情。

不久前，人生学校的同事尼克·索斯盖特博士告诉我网络上有一个视频，很明显是用手机拍摄的，一群人在草地上欢度加拿大音乐节。在这个视频里，有一个人独自在空地上跳舞，他忘情地跳着，一直跳了很长时间。有些人从他身边走过，但假装没看见他。后来，终于有个男人加入了进来。第二个人跳得很起劲，很明显知道自己在做什么，他还偶尔回头看看人群，脸上带着笑容，像是在告诉大家可以放心过来一起跳。第一个人对他的加入表示了欢迎，但随即又像先前那样继续自顾自地跳舞。然后来了第三个人，看起来似乎是第二个人的朋友，他做出夸张的动作，不是为了别的，只是为了好玩。

然后又有三个年轻人加入进来，跟着又冲进来三个人。拍摄附近的人们一片欢腾。又有六个人加入进来了。然后整个情况出现大转折：在场的每个人都火速加入进来，似乎担心自己落了单。

最初是什么阻止了他们的加入呢？可能是他们太忙于用相机拍摄第一个跳舞的人了：有时做个旁观者更容易一些。网络上可以看到这种事情的好多版本。有一个是特别有教育意义的：一个人拿着相机拍摄了近五分钟，他边上的旁观者对跳舞的人做了很差的评价。但当更多的人加入时，他们的语气改变了。“哇，这是一场革命，伙计！”一个男人的声音说道。“一个人可以改变世界！”一个女人说道。在拍摄了六分半钟后，她说：“我想加入！”

索斯盖特博士告诉我的这个关于跳舞男子的事情，对于任何希望谋求改变的人来说都是有教育意义的：

> 这个有趣的例子展现出先行一步意味着什么。如果这第一个人没开始跳舞的话，一群人跳舞的场面就不会出现。他在很多音乐节上做过这样的表演。这是他的任务。大多数时候，他一个人跳舞，没有其他人跟着一起跳（或者只有几个人加入，然后很快就结束了）。他知道他必须站出来独自跳舞，而且要跳很长的时间才有可能使情况发生变化。有时候他会失败，但如果他站出来再次尝试的话，最终有一天，天时、地利、人和，那个时候，别人会看见他的舞蹈，别人也会听见他的呼唤。

你可能没有想到，让参加音乐节的游客来跳舞是如此之难。但需要强调的一点是：不用管其他人怎么想。如果你把全副精力投入自己努力的事情上，很快其他人就会发现很难再袖手旁观。或者正如甘地的那句名言：“欲变世界，先变其身。”

跳舞的男人所展现的是：我们“可以”改变我们周围人群的精神。克里斯·约翰斯通在他治疗吸毒者的书中写道，如果吸毒者想要不受别人冷嘲热讽和贬损影响的话，最好不要去想别人“应该”做什么，而是专注于思考自己该怎么做。他的精辟洞见适用于我们所有人，以及我们身处的所有社会环境，无论是工作、家庭还是公共生活。关键是认清自己在每种情境中的行为方式。简单的如不给你身边的人说泄气话，相反给别人以积极的鼓励，光是做这些，你就改变了你身处的文化。正如约翰斯通所说的：“互动的方式具有感染性。”

我举个明显的历史事件的例子吧。即便在20世纪50年代，美国南部各州的黑人仍是二等公民。他们仍置于受歧视、受侮辱的境地，包括不能和白人上同一所学校，不能和白人使用同一个公共厕所，不能和白人喝同一个饮水机里的水，也不能在白人经常光顾的店里入座及用餐。当时许多黑人认为，抱怨这些微小的屈辱只会招致更大的麻烦。

1955年的一天，在阿拉巴马州蒙哥马利的一辆公交车上，像往常一样，司机要求四位坐着的黑人站起来，把他们的座位让给刚上车的一个白人乘客。其中三个黑人站了起来，但女裁缝罗莎·帕克斯没有——她依旧坐着。就在这一瞬间，她一举摆脱了甘地所说的“精神枷锁”，大大激发了后来美国黑人的人权运动。但重要的是我们要明白，罗莎·帕克斯只是起到了带头和鼓舞他人的作用，她并没有成为“领导者”。带头者并不意味着就是一切行动的领导者。

在罗莎·帕克斯被逮捕后的几天，一个名为“妇女政治委员会”的组织号召进行为期一天的抵制乘坐公交车活动：

> 这种事情应该停止了。黑人也有权利，如果黑人不坐公共汽车的话，客运公司就无法运营。乘客中四分之三都是黑人，然而我们要么被逮捕，要么被迫站在空座位前面。如果我们不做些什么来阻止这些逮捕的话，他们就会继续这么做。下一次，被逮捕的可能是你，或是你的女儿，或是你的母亲。

/ 我不让座：罗莎·帕克斯拒绝把她的座位让给白人乘客，
从此引领了抵制公共汽车运动以及更广泛的人权运动。

事实上所有的黑人都参加了抵制活动，大家还决定继续抗争下去。他们最初的意图仅仅是对种族隔离制度稍作修改，以便让黑人在公交车有空座位时不需要被迫站着。但为期一天的抵制公交车活动的成功增强了人们的信心，引领他们呼吁更大范围的改革。

在之后的几个月里，黑人不再乘坐公交车。他们乘坐出租车、步行或者拼车——在教会的组织下，他们建立起一个相当大的汽车合用组织。

抗议引来了报复行动。拼出租车的行为被禁止。许多黑人司机（包括著名的抗议者马丁·路德·金）因为很小的、通常是莫须有的交通违章而被捕。上百个由知名人士组成的抗议者因为违反了反抵制法而遭到逮捕与罚款。参加汽车合用组织的汽车也被取消了保险。

但之后，胜利到来了。美国最高法院对抗议者提起的诉讼做出判决，宣布公共汽车上的种族隔离违宪，其效力涵盖整个美国。不过抗议者决定继续抵制公共汽车，直到该判决生效以及种族隔离真正结束为止。为了搅乱局势，三 K 党骑着马出现在黑人区。但这次并没有产生以前的效果。三 K 党发现人们并不恐惧，他们并没有关了灯躲在房子里，而是就坐在门阶上看着他们，有些人甚至还朝着他们挥手。

在公共汽车被正式取消种族隔离的第一天，一切看起来都很顺利。但后来，白人极端主义者开始了恐怖活动，他们殴打黑人，并朝黑人开枪。教堂和房屋被炸。三K党再次游行，并焚烧了十字架。但人权抗议者继续坚持自己的原则。白人社区的许多人，包括当地的报纸、教会牧师和当地的商业协会都对暴力行为十分排斥，尤其这些暴力行为据说是代表他们的利益而实施的。在这种情况下，恐怖活动突然停止了。在蒙哥马利和其他地区，公共汽车上的种族隔离终于结束了，每个人都欣然地接受了这种局面，而在不到一年前，这种情形似乎是不可想象的。

不久以后，大规模抗争的结果就是，黑人在其他方面也获得了平等的权利。

可能有人认为这是一种历史的必然，但对黑人来说，人权的获得并不是必然的。罗莎·帕克斯是这场抗争中著名的象征性人物，但她并不是只依赖自己的力量来完成的。她的行为鼓舞了广大民众，他们勇敢承担起个人的责任，从此拒绝屈服。

我们不要错误地以为这些人都是非凡的人物，或者以为他们完全无所畏惧。他们确实也感到恐惧，但他们仍旧选择了坚持。1959 年，当黛安娜·纳什在纳什维尔一家专为白人提供预订服务的便餐馆里静坐抗议时，她年仅 21 岁。像其他参与者一样，纳什事先已经在非暴力工作坊里就如何约束自己的行为接受了训练。但是当她被愤怒和咆哮的人群包围时，她竟犹豫了长达十五分钟："我给了自己一点时间来做决定。我可以因为我不能胜任而辞去抗争领导人一职，我也可以鼓起勇气克服恐惧，完成自己要做的工作。"她在凯瑟琳·英格拉姆的书《追随甘地的脚步》中这样回忆。

在这一事件中，纳什努力使自己冷静下来，并继续静坐抗议。后来几年，她对历史学家和新闻媒体只聚焦于诸如帕克斯、马丁·路德·金等少数著名的领导者的行为感到不安：

马丁不是领导者。他是发言人，一个能干的、雄辩的发言人。他是一个伟大的人物。但是如果人们把他看作是一个超人或是圣人的话，那么当有些事情需要有所改变的时候，他们就会说："我希望今天我们有一个像马丁·路德·金这样的领袖。"人们必须要弄明白，正是像他们自己这样的普通人想出了策略并主宰着运动的发展。具有超凡魅力的领导人并没有让我们自由，也永远无法让我们自由，因为自由从本质上来说，是人们意识到他们才是自己的主人。

What Needs Changing, and How

第三章　什么需要改变以及如何改变

一　增添美和乐趣

积极的改变常常可以减轻痛苦。不过，我们中的大部分人，即使意识到像战争、贫困和环境破坏是非常严重的问题，也从来没想过或没有能力去解决这些问题。

我们可能感到，试图让这个世界免于饥荒，或者消灭疾病，多少是在尽自己的一点责任，但这更是希望渺茫甚至令人沮丧的事情（更何况它本身就是一个艰苦的工作）。我们知道这一艰巨任务可能会对某些人有吸引力，但并不吸引我们。事实上，卷入类似的事情总是会让我们感到忧郁或厌倦。意识到这一点很重要，因为感到厌倦是一个确切的信号，说明我们还没有找到某种有意义的行动。真正有意义的行动不仅不会让生活难以忍受，而且还真正充满乐趣。

其实，改变世界的途径有两种：一种是减少痛苦，另一种是增加欢乐。

我们会本能地选择后者。像其他人一样，我们总是会被生活中美的一面所吸引。如果这听起来过于夸张，那就并不是我说的那种美的意义。我的意思并不是指我们要开始认真地研究艺术史（有些人会发现这和解决饥荒问题一样乏味）。我这里说的美也不必然和美术有关。当然，有些人钟爱绘画或者雕塑，但许多人或许更想学几首吉他和弦，然后成立一个乐队。或许，传统的手工艺品也会吸引我们，我说的是广义上的手工艺：不光是刺绣和珠宝制作，也可以是改制二手衣服，自己动手做手工，或在某个隐秘的作坊里发明出令人啧啧称赞的作品。如果从更加宽广的视角来看待创造性活动的话，我们也许可以梦想开一家小小的咖啡馆，或者经营一家小旅店。

这些愿望初看上去似乎完全是利己的，但是我们没有必要为此苛求自己，因为当我们以创造性的活动投身于这个世界时，就已经产生了影响。我们的工作能够照亮别人的心灵，抚慰人们，并让人们了解生活是有滋有味的，而非仅仅是忍耐。艺术作品（从广义来说）是构建有意义的社区的一种方式，同时也是一种沟通工具——因此，艺术与全球外交家的“严肃”任务并非完全无关。

历史表明，一旦人们最基本的需求得到满足，审美冲动便随之产生。我们渴望写下故事，我们想用歌声抒发我们的痛苦（或让人们开怀），我们渴望创造出和谐的作品和精妙的工艺品。这种需求是我们存在的本质，我们永远不该为了严肃的概念而放弃它——或是仅仅因为多年前某位老师批评了我们最初的努力，我们就把这些需求否定掉。

我们往往认为艺术是奢侈品，或者是“艺术家们”该做的事情，但是艺术家和其他人并没有多大的区别。（凡·高是艺术家吗？在他的一生中，并没有人想要购买他的画作。）每一个人在创造领域都占有一席之地，无论是能演奏自己谱曲的最精妙作品的莫扎特，还是刚开始学琴的孩子。我们也许认为解决世界贫困问题相对来说更重要，但改变世界仍需要考虑我们自身的兴趣和技能——如果我们顺其自然地行动，才能获得最佳的效果。

融入生活中的审美一面，并不意味着想要成名或者以此为生。大多数人不会靠艺术发财致富，但我们每个人都有机会（确切地说是需要）去创造美的事物。而当我们发现创造的过程乐趣无穷时，一定会迫不及待地想把这份快乐与别人分享。

蕾切尔·马修斯是一位艺术家，也是伦敦古艺术工作者协会的“兄弟”(协会中无“姐妹”的称呼，成员都以“兄弟”相称)。在马修斯的艺术工作中，她碰巧从事纺织，特别是编织和钩织。她强烈地感受到自己从工作中得到的满足感不仅仅来自于成品，更来自于编织的过程，而这也正是她希望与别人分享的。为了达成这一愿望，她和朋友们时常会在伦敦地铁里发起“参加编织活动”。她们教路人如何编织和钩织，如果学习者喜欢的话，还让他们免费带走毛线和钩针。

另一个规模更大的创意分享活动，是由艺术家米兰达·朱莉和哈雷尔·弗莱彻成立的“学会爱自己多一点”。弗莱彻和朱莉每天都要提出一些富有创意的想法，但在多年的实践中她们发现，她们拥有的一些最愉快最有意义的体验，往往来源于接受他人的建议。她们不强求一切都必须原创，而是自然而然地思考或学习他人的观点，通过这种方式，她们确实创造出了许多令人愉悦又极富创意的作品。

弗莱彻和朱莉为了分享这种解放意识——帮助他人消除事事都要原创的强迫性想法——她们灵光一现，想到一个绝妙的点子，那就是调动大众去做一些类似艺术的和心理学的工作，然后将他们的工作成果公布在网站上。（www.learningtoloveyoumore.com）

这些工作总共有七十项任务，包括："搜集新闻"，"制作鼓舞人心的横幅"，"开展一系列演讲"，"给过去的自己一些忠告"，"与一个即将去世的人共度时光"，"打个电话给希望接到电话的人"，"拍下陌生人手牵手的瞬间"……

相比之下有些任务带有内省性质，但是所有的任务都具有一个特质，那就是邀请人们直接投身于社区以及更广阔的世界。在完成这些任务的过程中，成千上万上传成果的人需要克服他们内心的恐惧（想一想要如何才能让互不相识的两个人手牵手），并发挥他们的创造力。在完成这些任务之后，参与者逐渐变成像弗莱彻和朱莉那样的"专家"了。一个美国家庭成功完成了每一项任务，他们受邀在当地的美术馆展出作品。这个家庭进行系列演讲的主题是"慧眼识艺术，人人皆可成"。

我谈到这个计划，是因为它产生的效果就和最好的艺术作品一样，让我们重新获得被日常生活和习惯所蒙蔽的活力

/ 第63个工作：制作鼓舞人心的横幅。

O YOU ARE

和热情。

一个美好的世界，并不是人人都听从外在灌输给你的说法，专注于解决所谓“重要”的全球问题的世界。一个美好的世界，应该是人人都能在他们所从事的事情中发现意义的世界——也就是一个包容着美丽、创造力和乐趣的世界。

二　如何看待金钱

在所有让我们踌躇不决的事情中，关于金钱的想法是最令人困惑的。其中一个原因是，我们总是必须在从事有意义的工作和享受美好生活之间进行两难选择——我们总认为自己不可能两者兼得。

对于大部分人来说，这样的困境只发生在我们工作一段时间之后。我们也许会为一份富有魅力或者收入丰厚的工作而激动不已，但是渐渐地发现这份工作无法满足自己，于是开始羡慕起那些从事着似乎更有意义工作的人。然而，如果我们一开始就选择了有意义的好工作，过了一段时间之后，可能又会憎恶起我们的低薪和缺乏福利。

无论是哪一种选择，如果我们感到焦虑，就必须设法解决这一困境，也许我们需要换一份工作。但是，是否真的必须要在作出有用贡献与过着体面生活之间做出非此即彼的选择吗？我不这么认为。并且我也不想规避这个问题，我不会建议利用我们晚上和周末的业余时间来改变世界。（虽然我们也可以这么做。）我坚持认为，我们可以一边工作，一边从事有意义的事——而且我们必须得这么做。因为正如我们在本书的第一章所提到的，我们随时随地都在造成改变，这必然也包括了我们在工作的时候。

如果我们幸运的话，也许找到的谋生方式，既可以让我们过着极为舒适的生活，也能让我们从事有意义的事。戴尔·文斯就是这么做的，他以前是个嬉皮士，现在从事生产“清洁”电力和减少二氧化碳排放（因为他感觉自己不能枯等英国政府或其他人来做这件事了）。他建造了自己的风力发电机，接着又建了第二个，然后又陆续建了更多，最后他成立了一家名为 Ecotricity 的风能环保公司，把他的“绿色”能源卖给家庭和企业。在这个过程中，他赚了一大笔钱。

赚大钱并不是文斯的特定目标，但是他一直坚信自己的事业必须是一项成功的生意，原因是——显而易见的，但是值得说明清楚——不这样的话，他的事业就会失败。(那些自认为“进步”的人，往往本能地对“生意”抱着怀疑态度，他们也许该从这个案例中好好反思。）当然，还有很多人也做了类似的事情，他们找到一个机制，既可以从事有意义的改变，又能赚取收入，甚至创造就业机会。

但是并非每个人都天生擅长做个企业家。只有相当少的一部分人能像文斯一样自行创业。那其余的人该怎么做呢？如果本地雇主不那么高尚怎么办呢？

要想改变我们的观点，一种方法就是诚实地思考，我们要如何挣钱？我们是要像文斯一样为人们的真正需求服务呢，还是为人们空洞无益的欲望服务呢？

为人父母者都知道，有时候你必须阻止孩子获得他们所期盼的东西，比如晚睡和吃甜食。但可悲的是，即使我们已经长大成人，但还是没有戒除掉这些对自己无益的东西，所以很多行业都是通过销售人们并不真正需要，甚至有害的东西来赚取巨额财富。

我们可以写下对我们有害的事物的清单。在这里，我不会把自己的清单强加给你，但是许多人都同意把军火、不健康的食物和色情读物列入有害事物清单。然而，制作或者销售这些东西的人通常争辩说（如果你能让他们谈论这一主题的话，但我怀疑他们会尽力避免谈论）他们是在满足人们的正当需求。他们也许会反驳道，他们出售武器是为了维持和平，他们销售的不健康食物对于那些没时间准备健康膳食的人来说是个大便利，他们销售的色情读物可以慰藉孤独的人。他们在自欺欺人吗？也许是。但这不是我关注的重点。我想说的是，在谋生方式上，并没有一种绝对的分类方法能区分“好”与“坏”。

这也许会让一些人感到困惑。在投资银行工作的人难道不是把他们的灵魂卖给魔鬼？在发展中国家为非政府组织工作的人难道不能称为圣人？我不是刚刚才说戴尔·文斯是一个榜样？

现实并不是如此简单。我和文斯见了面，在交谈了很长时间之后，我确信他是出于最大的善意建立了他的公司Ecotricity，而不仅仅是出于发家致富的自私目的（他付给自己很少的薪水，比别的同事还少，而且他住在相当简朴的房子里）。但是许多人即使明白文斯的善意，却仍认为风能发电不可能是解决能源危机的方法。他们提出的反对论点我们无法轻易反驳。人的意图与结果之间的复杂关系充分表明，将“好”或“坏”的标签贴在个人身上是毫无意义的，对公司或者整个工业部门来说更是如此。

我们再来思考一下前面提到过的银行和非政府组织吧。我最近遇到一个人，他是荷兰某银行英国分行的主管，这家银行有着极高的道德标准（就他们进行的投资而言），有时候会贷款给那些不能提供传统的担保，但想从事慈善事业的人。（这种贷款本质上是建立在信任和个人关系基础上的。）在慈善与盈利这两方面来说，查尔斯·米德尔顿和他的投资银行 Triodos 都值得称赞。我也曾听说非政府组织在发展中国家的活动对当地毫无益处的说法。举个简单的例子：发展中国家一些著名且受人尊重的非政府组织，常常付钱给来参加他们活动的人，这种做法吸引了很多人来参加，所以他们充满信心地向他们的全球总部汇报说他们赢得了广大群众的支持——成功了！但是在这过程中，这种做法扭曲了当地的经济，因为人们觉得空谈比实干更有利可图，而且这种做法也会让人们不愿意参加其他无报酬但非常重要的活动。

虽说没有哪种工作或者产业必然是好的或者不好的，但并不是说所有的事情都是这样。我们必须要坚持个人的责任。无论我们是在投资银行工作还是在非政府组织工作，作为个体的我们所做的事情只有“有益的”和“无益的”两种结果。对于我个人来说，我觉得自己在武器、不健康食品或者色情读物公司上班应该不会感到愉快，我会很努力地跳槽找别的工作。但是我认为，在这些领域工作的人也可以做出实质的改善——也许从内部改变公司或者产业的经营方向。

不管我们的立场如何，我们总是忍不住去评判他人。举一个可能有点牵强的例子，一个职业杀手会嘲笑一个毫无经营理念的慈善义工，反过来也一样。我们同样也总是忍不住为自己辩护（“我杀的都是坏人”或者“我没时间思考成本盈亏”）。但是我们必须抵制这些诱惑，仔细而诚实地审视我们自己实际上做的事情，来判断我们是否符合佛教徒所说的“正命”（正确的谋生之道）。

我们养活自己的方式，可能促使我们按照自己真实的价值观来生活，但也可能扭曲了价值观。如果我们认为自己的生活不健康，就必须换一种生活方式。但是佛教的正命观念已经超出了我们自己的日常工作之外，因为我们的生活必须依赖别人做好他们的工作，而那些工作很可能违背了我们的价值观，这样一来，事实上我们就不能按自己真正的价值观生活。例如，老师也许会为正确教育孩子而自豪，但她也可能在无意间买了童工制造的商品，而破坏了自己的价值观。

换句话说，正确的谋生之道不仅仅是个人的事情，它也是集体的责任。我们对他人的谋生方式负有部分责任，因为在日常生活中，我们或者通过从他人那里购买产品和服务，或者通过我们支付的税收来帮助他人，而这些都间接支持了别人的生活方式。

如果我们听到有的公司违反了我们的价值观，那么光谴责他人是不够的。我们还应该问问自己要做些什么来纠正这种情形。一行禅师说，我们应该坚定地促进创造一个有更多正确谋生手段、更少不正当谋生手段的社会。

但一行禅师又说，在现实世界里，没有人能够完全拥有正当的谋生之道。一旦我们意识到这一点，我们就懂得了自省，不再评判他人和我们自己，而是把心思放在继续做好我们的工作上。

金钱让我们感到困惑的另一种情况与施舍有关。这是一种已被证明确实能造成改变的机制。但是，我们虽然捐款，却很少思考到底什么是捐款。

说得更明白一些，我们需要考虑三件事情：我们可以承担多少捐款？我们的捐赠是否真的有用？我们应该公开捐款，还是匿名捐赠？

哲学家托比·欧德对这些问题进行了彻底思考，不仅在他的学术工作中，也在他的私人生活中加以审视。他做了各种计算，并且提出各种观点，帮助我们理解该如何合理地分配金钱。

欧德上大学的时候，经常对政治发表理想主义的言论。"然后人们就会说，'好吧，如果你是这么想的，为什么不把所有的钱都捐给非洲呢？'"他告诉我，这句话常常让他闭上了嘴。后来，他花了很多时间来思考这件事。"如果我们关心那些受苦的人们，想要帮助他们，那么我们能帮多少呢？"

他也受到彼得·辛格作品的直接启发，辛格的说法能让每个人茅塞顿开："你反对目前富裕国家和贫穷国家之间的资源分配吗？如果你反对的话，而你又生活在富裕国家，那么你会怎么做呢？你愿意把自己多少剩余收入捐给那些专门帮助最穷困贫民的组织呢？”

身为学者的欧德并没有巨额财富，但是从另一方面来说，他的日子过得也不错。绝大多数人的家境就是这样。但我们究竟有多富有呢？欧德发起了一个运动，名为“尽我们的能力捐献”，并开设了一个网站（www.givingwhatwecan.org），访问者使用该网站的方法可以算出自己能够捐出多少钱。只要输入你的年收入（税后）以及家庭人口数，网站就会计算出你实际上有能力捐献多少钱。

以欧德自己为例，计算显示，他属于全世界最富有的前4%人群，即使考虑到发展中国家的货币有较强的购买力；如果他捐出自己收入的10%，他还在全世界最富有的前5%人群当中。

“大多数人对于自己实际上有多富有都感到非常惊讶，因为我们通常只会和周围的人比较，”欧德在访谈中对我说道，“我们也许会比我们的朋友或同事钱多点或少点，但我们却比这个世界上的绝大多数人更富有。我们是靠努力才挣到如今这一切的吗？不是的。虽然努力工作确实增加收入，但最大的原因仅仅是我们生对了地方——这根本不是我们自己努力的原因。”

在网站上，欧德附了一张图，图上清楚地表明收入分配有多么不平等。这张图并不完全精确，因为要是把超级富豪计算在内的话，这张图的高度应该会超出你的电脑屏幕一公里以外。

欧德了解得越多，就越是下定决心捐更多的钱。他突发灵感发起了“尽我们的能力捐献”运动，其他人也加入了进来——承诺至少捐出他们收入的10%——而且是永远。

我们也许还没有准备好这么做，但如果我们下定决心捐款的话，就会出现第二个难题：我们如何保证我们的捐款是有用处的？

对于欧德来说，他是碰巧看了朋友的医学教科书，在比较了各种医疗干预方法的功效及所需费用之后，他才找到了答案。欧德发现，一些治疗方法要比其他方法有效一万倍以上，但它们的价格却相同，他感到很震惊。“如果你走在大街上，发现两家商店在卖同样的东西，一家店的价格要比隔壁商店卖的贵上一万倍！你会有什么感觉?”当然这不可能发生，因为市场不允许这种情况出现。“但是对慈善事业来说，这却是可能的。两个人各捐1000英镑给两家慈善机构，其中一个可能让一个人多活了一年，而另一个可能挽救了总计达一万年的生命。不过，捐钱的两个人并不知道这个情况！”

欧德意识到，如果支持最经济有效的方式，那么，光靠他个人的力量，就可以让比他弱势的人获得长达四十万年的优质生活。四十万年？“那可是很多很多年啊！”

根据那本医学教科书的说法，那些最经济有效的干预方式，只需花一个面包的价钱就可以为一个人购买一整年的健康——那就是治疗那些被忽视的容易导致失明、肾功能损伤和肢体畸形的热带疾病。

这听起来并不光芒四射，但欧德并不想光芒四射。通过选择这种经济有效的方式，他发现自己可以每天拯救一条生命。“你也许会认为，要做这些神奇的事情，你必须放弃自己的事业，跑到另一个国家为非政府组织工作。但实际上你没必要这么做。你可以继续做你喜欢的任何工作。”

欧德的话给我留下了深刻的印象，而且我很高兴自己不需要放弃原来的工作。但同时我也感到很困惑。防治这些被忽视的疾病也许能最大效率地利用我的钱，但我可能对此不感兴趣。这些东西不适合我。此外，如果每个人都捐钱治疗这些热带疾病的话，这些疾病就不会再受到忽视了，这也许是个好事，但是其他急需帮助的人将因此得不到救助。那些在火车站外拿着箱子募捐的人，他们募捐的目的我们不得而知，但有时候我们捐钱给他们，难道不好吗？

欧德并没有建议每个人都和他一样捐款给同样的对象，但是他的确建议我们在捐钱之前要好好想想——就像我们在送别人生日礼物前会好好想想那样。捐款的效果并不取决于我们捐款的数量，而是取决于我们花了多少时间去思考受赠者真正需要什么——他们到底想要什么？什么可能使他们每个人都受益？优质的慈善事业与购买好的生日礼物并没有什么不同。有些人想从事对抗热带疾病以外的慈善事业，欧德为了帮助这些人，也设想了各种经济有效的模型，如健康、教育、公共卫生和其他方面。

另外，慈善事业研究所也提供了如何有效捐款的建议。慈善事业研究所原本是为大宗捐款者提供建议，但它的建议也可以作为其他人的参考。而且这家研究所的工作指南和相关宣传册上指出，慈善事业并不仅限于金钱上的援助，时间上的投入和专业经验的传播，也是慈善事业的一部分，但是金钱援助还是主要的，因此研究所仍致力于提高捐献者的意识——因为正如我们所见，每当我们在推动改变时迟疑不前，主要原因就是我们觉得别人并没有这么做——我们不希望自己像个傻瓜。

这就出现了一个至关重要的问题：如果我们捐款的话，我们是应该公开捐，还是要保守秘密？

绝大多数宗教传统要求我们不要宣扬自己的善行。耶稣说道："你施舍的时候，不可在你前面吹号，像那假冒为善的人，在会堂里和街道上所行的，故意要得人的荣耀。"

我们应该牢记这些话，因为我们的捐款并不是为了换回一块挂在墙上闪闪发光的奖牌，以表彰我们的慷慨大方。尽管如此，公开捐款并不一定是在炫耀，也不一定会让受助者蒙羞。欧德承认："公开捐款的确会惹人烦扰，但是肯定有别的办法能让公开捐款不带有自夸的意味。”

避免自夸的关键在于牢记：我们每个人都有需要别人帮助的时候。也许现在你不需要别人的帮助，也许你永远都不会感染热带疾病，但是我们每个人一生中总有需要别人帮助的时候，而帮助是我们用钱买不到的。如果你会因为捐款感到尴尬的话，那就牢牢记住这些话吧。也许你今天是个捐助者，但是有一天你也许会是个受助者——因此，没有任何理由感到骄傲或是难为情。

如果我们足够关心一项事业，甚至愿意为它捐款，我们大概会期望别人也做同样的事。我们可以向大家说明这件事的意义，而且平实地表示愿意贡献一己之力提供捐助。这样做不是让人们陷于非捐不可的尴尬境地，而是给他们一种参与的机会——让他们不再觉得行善是一种奇怪或自夸的事。

三　让事情变得有吸引力

一说到解决“问题”，我们可能会让别人生气或感到厌烦，因为我们大多数人都会自然而然地把问题和糟糕、不快的事情联系起来。确实如此，如果我们只是把未来不好的一面呈现出来，恐怕人们都会对未来失去兴趣。要改变这种状况，我们必须要学会吸引大家从积极的一面去看待挑战——要做到这一点，最好的方法就是找一群朋友来解决问题。

伴随着似乎无穷无尽的关于世界末日的故事，环境保护运动尤其让我们感到沮丧。正如我们已看到的，它让人们陷于沮丧境地——它只提醒人们有危险，但却没有提供解决问题的方法——因此只能传递给人们麻木、暴躁和失望的情绪。正如弗兰克尔所说，这样下去确实会使人生病。更糟糕的是，当环境组织真的提出解决办法时，他们通常会要求我们承担起责任——他们会列出一张清单，告知我们这些事情不可以做！为此牺牲掉乐趣也无所谓。但这种方法往往适得其反。

我们前面已经了解了驱使我们行动的动力。我们得承认，人们都喜欢追求个人的兴趣，而不喜欢被迫承担义务。所以，怎样让义务和个人兴趣相结合，就成了一项巨大的挑战。那么我们不禁要问：怎么才能吸引别人去做正确的事，而不是强迫他们去做正确的事呢？

如果想让人们帮助我们实行计划，我们就应该发起一场运动去追求改变，创造机会让人们共同参与进来。要做到这一点，我们需要分清楚什么是社会效益，什么是纯粹的技术和经济效益。

当环保人士训诫我们需要拯救地球的时候，他们有时候会强调拯救遥远国度的陌生人或者是子孙后代的重要性。唉，我们怎么会去帮助这些与我们关系极远的“他人”呢？我们根本提不起精神去拯救一群我们从未见过，甚至无法想象出他们长相的人。人类是非常喜欢交际的动物，总是愿意帮助他人——但是我们助人的动力有赖于想象力的积极参与，这种参与很难经得起遥远时空的考验。

当环保倡议可以改善生活质量，甚至本身充满乐趣的时候，人们往往通过围绕难题建立起的共同体的纽带关系来共同应对环境难题。人们组织起来的根本原因可能是为了拯救地球，但对于涉足其中的许多人来说，真正的动机可能或多或少是出于与人为伴的渴望。当我们想要改变事物的时候，我们绝不能低估这种人类社会本能的价值。如果我们让大家有机会和自己的邻居打招呼的话，那么我们的计划就会更容易成功。

为了理解这一点，我们来看看 1977 年旺加里 · 马塔伊在肯尼亚发起的绿带运动吧。这是一个由肯尼亚农村的低收入女性发起的促进环境保护的非营利性组织。该运动的女性成员已经在她们乡村栽种了4500多万棵树木，成功防止大面积的土地变成灌木丛和沙漠。但对于那些参与该项目的女性来说，这个运动已经不单纯是关于植树造林和维持土壤肥力问题了。运动的社会影响是她们获得的最直接的收益，也是她们付出努力的最大动因。这些女性成员说，正是在植树过程中，她们与一些从未见过的女性建立起了深层的联系——这种共同体的工作方式，使得她们在高度父权制的肯尼亚社会中，在男性亲人面前，找到了她们全新的自信和成就。

我们这个时代最大的环境和经济挑战，也许是我们的石油储备即将耗尽，甚至已经过了全球石油产值的高峰期——或者，用地质学家的话说，我们已经进入了“石油峰值”时代。

当我们通过抽象的文字看到这些信息时，这个问题听起来既沉闷又骇人，很自然会让人采取退缩的态度，除了恐慌，什么忙也帮不上了。但是有些人却能从这个灾难性的预期中找到机会，重新思考我们的经济布局，并且在这一过程中——让参与此事的人高兴的是——调整我们与邻居的关系，并且结交到新朋友。

2005年，英国发起了“城镇转型”运动。这是一个由志愿者发起的草根组织，通过口碑传播遍及全国的城镇和乡村。参与者（没有任何官方身份）设想有一天全世界面临石油短缺，到时候运输业及其他依靠能源的行业都变得非常昂贵，在这种情况下，参与者开始思考和想象该如何应对这种状况。城镇转型运动并没有把这一景象当作灾难，相反，该运动鼓励人们更多地从生态和本地视角来思考，强调各种可能性——比如在本地种植庄稼，建造节能房屋，并尽可能支持本地经济的发展。

面对能源即将匮乏的世界，我们很难保持乐观，但是城镇转型运动却以积极的态度去面对石油峰值和气候变化的双重威胁。城镇转型运动的发起人之一罗布·霍普金斯告诉我：“事实上，只有极少数人认为，石油短缺的生活会比我们现在的生活更美好。但我并不认为那必然是个黑暗时代，它可能会是一个非同凡响的复兴时代。”

不得不承认，当霍普金斯和他的伙伴们第一次读到有关石油短缺的事实时，他们经历了类似于精神病学专家伊丽莎白·库伯勒·罗斯所描述的典型的痛苦周期——从绝望到愤怒，然后挣扎，沮丧，最后接受——直到他们能够做到像今天这样乐观。转型城镇运动的参与者明白，大多数人没有经历过这些阶段，也不想经历，所以他们想方设法推动整个社会向着具有可持续性，也是充满乐趣的实践迈进。

一开始，霍普金斯和他的伙伴们采取一般人也会使用的技巧来激励自己，以从事各种改变的任务：他们给自己寄来了一张来自未来的充满欢乐的明信片。他们通过“想象的后见之明”去描述如果人类尽可能地做了最正确的选择时，一百年后的世界将会怎样——他们相信，到那时，当地社区将比现在更加自给自足，关系也更加融洽。

然后他们一年年倒推，制定每年的计划，希望有朝一日梦想的世界能够实现。改变的步骤包括：教人们种植粮食，制作和缝补衣服（和其他物品），成立工作坊提供节能咨询，成立俱乐部安装可再生的电力设施。当这些策略付诸实施时，运动的领导者发现在每个步骤中都有惊人的进展：人们确实喜欢基于共同的目标聚在一起，学习一些有用的技能并加以实践，在此过程中，他们也建立起更为强烈的社区意识。

2005 年，当我第一次知道有关“石油峰值”的情况时，我极度担忧。我告诉我的妻子，我们以前设想的未来是虚幻的（实际怎么说的我已经忘记了）。我想有所行动，但是感到毫无头绪，直到我听说霍普金斯和其他转型运动先锋们所做的这些惊人的积极行为。我偶然地把转型运动告诉了朋友们，当其中一位朋友要我帮助他在他的社区（也就是在我家附近）组建一个团体时，我非常激动（看到了吧，当我们发现一个活动并且转告他人时，我们很容易融入其中，这就是见证的力量）。很快，就有其他人加入了。看到大家一起关心相同的事情，我们感到极大的欣慰。

活动的高潮发生在伦敦北部一个拥挤的大厅中。在这里召开的会议上，为了让更多的人知晓这个运动并寻求伙伴，我们邀请了每一个我们觉得可能有兴趣加入我们的人，包括当地环保团体的成员、倡导公平贸易的人士、教会团体、当地易货网络成员、政治党派，以及当地居民。我们向人们介绍活动的性质，然后——正如克里斯·约翰斯通所建议的——明确地向与会者请求帮助。

在随后的几个月中，我们的小组取得了许多成果，包括拍摄电影、召开研讨会，我们甚至举办了一次街头集市。但是，我不满足于只是向人们宣传信息并让他们参与进来，我渴望做得更多。随着石油峰值和气候变化的威胁愈演愈烈，我希望看到每个人都能开始种植自己需要的食物。但是我要怎么做呢？

我下一步的计划深受《土壤和灵魂》一书的启发，该书作者是阿拉斯泰尔·麦金托什，他曾在苏格兰建立了极为成功的社区。麦金托什是一个虔诚的基督徒，他在书中写道，当务之急是应重拾“爱你的邻人”这句古老的基督教格言，并且加以奉行。他认为，要想改变世界，活动家靠着扩音器向数百万不知名的人们呐喊是毫无用处的。改变世界必须从身边最亲近的人做起。如果你自己不是个好邻居的话，那别人为什么要听你的呢？

我被这个观点深深震撼了。城镇转型运动强调对地方投入心力，麦金托什根据这一点做出逻辑的结论：我应该尽力与邻居一起努力。不仅仅是那一小部分我的街区里已经投身环保的人士，而是我真正的隔壁邻居。

早在几年前我就搬进了现在的这栋房子，我认识马丁和沃尔夫妇，但我们只是打打招呼，聊聊天而已。（我房子的另一边是空的。）我们也到过彼此的家里，但次数不多，而且待的时间也不长。我们互相保管对方的备用钥匙。我一点也不清楚他们对于石油峰值有什么看法。

一天下午，我走过去敲他家的门，沃尔开了门。我告诉她，我有一部电影，内容是有关未来石油耗尽后的世界图景，我想知道他们是否愿意找一天来我家一起观看这部电影——随便哪天都行。下周是否有时间？

这也许不是马丁和沃尔收到的最吸引人的邀请，但他们仍深感荣幸，并且表示他们愿意在下周二下午来我家。沃尔说，如果可以的话，他们还想带个朋友一起来，因为那个朋友对这方面的信息很感兴趣。

到了那天，我买了一些饼干，沏了几杯茶，我们看了那部电影《石油危机》。电影相当震撼人心，因为它完全摧毁了我们原先对未来的憧憬。对此我有点担心，因为雷蒙德·威廉姆斯说过，关键不是让人绝望，而是设法让希望实现。

看完电影之后，我们聊了一会儿。我记不清我们到底说了些什么，但几个星期之后，有几位工人过来，在马丁和沃尔家的房顶上装了一个太阳能电池板。

我很震惊！这个“爱你的邻人”的任务比我想象的更加有效。我从自身经历中认识到，我们的确可以把自己的支持网络延伸到意想不到的地方。

澄清一点，我并不是说我们只是以“是否有用”来看待邻居。任何时候，我们都在决定是把他人看作和我们一样的，还是和我们不同的。我很高兴发现马丁和沃尔与我们一样。事实上，与他们安装可再生能源装置相比，他们同意来我家看那部主旨相当灰暗的电影，以及之后马丁邀请我到他们家共进午餐更让我感到高兴。西蒙娜·薇依曾说，扎根也许是人类灵魂最重要也是最为人所忽视的一项需求。——并且，正如我所发现的那样，与你的邻居互相往来是一种很好的扎根方法。

我很想知道，我是否能让当地居民和我一样参与到积极的改变中来。那年九月，我从自家苹果树上采摘苹果，放进一个大箱子里。我一只手抱着箱子，另一只手牵着我的小女儿。我们挨家挨户地告诉邻居，我们收获了太多的苹果，如果他们想要的话，可以分给他们一点。我想，一个牵着蹒跚学步孩子的手、免费提供自己种的水果的男人，应该不会让人感到害怕。结果大部分邻居都欣然接受了我的好意。

几个月后，我在小盆里种了几十粒番茄种子。当幼苗破土而出时，我又找了另一个箱子，牵着我女儿的手，又一次挨家挨户地去敲门。我告诉邻居我种了“太多”的番茄幼苗。哦，天啊！你们愿意帮忙要一棵去种吗？没有人拒绝。那一年，我们街区里好几个人第一次享受到了自己种植食物的乐趣。也许，他们自己本来就打算这样做，我只是给了他们一个小小的推动，我甚至根本没有提及石油峰值的事。

你想改变世界的想法，感觉上也许极为重要，事实上也的确极为重要。但是，如果你无法让你周围的人（包括你的隔壁邻居）也感兴趣，那么，这些美妙的想法也许永远不会实现。

如果是那样的话，也许这些想法并不那么重要。

/ 种了太多的蔬菜？把它们放在邻居家门口，明年他们也会开始动手种菜。

四 爱的帮助

随着我们更乐于和他人相处，并建立起联系紧密的社区后，我们总是会遇到一些很难相处的人——他们非常执拗，不只是冷漠或对我们的主张毫无兴趣，而且还因为他们自身的一些问题，使得他们很难与人交流，也可能导致他们在社区中被边缘化。

我们会本能地希望避开这类人，毕竟与他们交流会非常辛苦。但与这些人相处也会给我们上重要的一课，那就是：作为个人，我们可能会比政府或其他官方机构更有能力处理社会问题。因为政府机构在处理社会问题时，通常只会砸钱——对他们来说，也很难采用别的方法。

但是，人的需求并不都是物质上的需求。有时候，人们真正需要的是个人的善意。有时候，他们需要的是爱。

最需要关爱的莫过于儿童了，不管他们的背景如何。正是在照顾孩子中，我们看到了金钱援助的局限性。对这一点，卡米拉·班特曼海利迪女士颇有感触。她以前曾在富裕家庭中担任过多年的保姆，这些家庭虽然很有钱，但也有很多的麻烦，孩子也常常遭到忽视。卡米拉拥有心理治疗的各项资格，近年来，她成立了具有开创性的慈善组织“陪伴孩子”，来帮助伦敦最贫困地区的儿童。

许多孩子的经历让人心碎，但真正令人震惊的是此类需要帮助的儿童的数量：“陪伴孩子”累积的档案多达几千份，当中也包括那些你会远远躲开的孩子——而且你的确有理由这样做，这些孩子虽然年纪轻轻，但很多人已经卷入了暴力犯罪。然而，卡米拉走到他们中间，并与他们坦然愉快地相处。与她交流过后，很可能会给你提供一种完全不同的思维方式。

许多儿童都来自于非常贫困的家庭。事实上，如果没有“陪伴孩子”救济的话，85% 的儿童都吃不上晚餐。但是，在看到许多富裕家庭也同样存在问题后，卡米拉认识到，儿童问题不光光是钱的问题。她告诉我：“我看到那些家庭对儿童的严重忽视。”单靠金钱并不能给儿童提供他们最需要的东西。

“陪伴孩子”所做的一切基于对爱的信念。“陪伴孩子”特别受到“依附理论”的影响，这个理论最早是由儿童心理学家约翰·鲍比提出的。鲍比认为，孩子的发展直接受到他们最初的照顾者的直接影响。身、心都受到忽视的儿童，认为别人会对他们的需求漠不关心、不愿给予也不愿提供援助。受虐待的儿童认为人们会否定他们、对他们充满敌意而且也不愿意接近他们。这两种类型的儿童都以这样的方式来做出某种行为，这些行为反过来又使人们做出符合他们预期的行为——对他们漠不关心、充满敌意而且也不愿意接近他们。鲍比认为，一旦孩子已经建立起这种关系模式，想要改变就非常困难了。

幸运的是，即使孩子缺乏早期关爱，但他们还是有可能改变。明尼苏达大学的一项研究表明，在幼年时期受到性侵犯的母亲，有61%会虐待自己的孩子。然而，同一份研究也发现，如果她们长期得到他人情感支持与帮助，或接受密集心理治疗的话，就能大幅度减少虐待再度发生的可能。而“陪伴孩子”提供的正是这种援助。

这些问题儿童中有许多已经失去了同理心，因此，光在传统道德层面上指导他们是不起作用的。如果想让问题儿童学会关心他人的话，孩子们首先需要听到有人就他们所遭受的一切向他们道歉。“陪伴孩子”的员工就这么做了：他们向孩子们道歉。然后他们通过帮助孩子与受过训练的成人建立强烈的依附关系，来重新建立孩子的同理心。

不过不要以为这个过程会进展得很顺利。在这一过程的最初阶段，有些孩子常常变得具有很强的侵略性。卡米拉告诉我：“他们并不想发展依附关系。他们说我们正在让他们变得软弱，这样他们在大街上就会无法生存。”但最终，大部分孩子都回心转意了。

我曾经花了几个月的时间观察“陪伴孩子”的工作情况。我发现有一些孩子问题已经极其严重。其中有一个叫克利奥的女孩，曾经野蛮得无法控制，在大街上就能够停下来和陌生人滋事打架。在“陪伴孩子”员工的亲切关怀下，这个女孩已经不再那样做了。公司的员工最近开始带她去餐馆，学习那些她以前从未做过的事情——比如怎样和服务员沟通，怎样正确地使用刀叉。有时候，孩子们也会邀请“陪伴孩子”的员工外出就餐。有一次，卡米拉受到一群年轻移民的邀请（他们以前是儿童士兵，现在刚刚被大学录取），他们希望用比萨来回报她多年的关爱。

我们没必要去建立类似的慈善组织来做这些事。我们可以志愿地帮助像卡米拉这样已经有所行动的人，或者去做自己想做的事。

费妮拉·洛兹就是在做自己想做的事。“这个想法源于我和理发师之间的交流，”洛兹告诉我，“当时我们正谈起我们需要做点什么，以及我们自己能够做些什么。然后我们突然想到，有很多年轻人一直找不到工作。”

洛兹决定开始行动。她来到伦敦北部她家附近的一家就业中心，说她愿意帮助年轻人找工作。（当时她已经退休了，所以有很多空闲时间。）洛兹说她特别想要帮助那些没有学历和工作资历，而且家里也没有工作可以提供的年轻人。由政府资助建立的就业中心不可能给没有任何经验的人提供工作，但洛兹自己的孩子也刚成年，她知道工作资历并不能代表一切。

就业中心的员工提供了几个年轻人的名单，洛兹马上和他们取得了联系。她告诉他们自己的来意，并表示愿意尽力帮助他们，介绍他们去她的朋友或一些愿意提供帮助的公司里实习。

对于年轻人来说，这位女士表现出来的是明显的善意，他们很乐于接受帮助。

事实证明，这项工作比洛兹预计的还要耗费时间。她穿越城市，到很远的地方去拜访这些年轻人的家庭。她发现，在实习的第一天，她必须来到年轻人的家，一路陪着他们去往上班的地点。根据她的经验，无论这些年轻人之前看上去是多么自信，但他们中没一个人能弄清楚伦敦的公共交通。洛兹鼓励这些年轻人，并向他们详细解释办公室的基本行为规范。(有些年轻人会在工作时间安排自己的社交活动，你必须告诉他们不能这么做。)一两个年轻人对这些约束有点恐慌，不久就放弃了实习岗位，再也没有回来。洛兹给他们打了好几次电话后，最后他们终于接起了电话。在电话中，洛兹温和地告诉他们，当以后他们再来回顾这一天的话，他们会感觉到，那是第一次他们告诉自己不要放弃的时刻。接着，戏剧性的一幕发生了：一个受到委婉斥责的女孩由此走出家门，自己找到了一份新的工作，并在工作中茁壮成长。

如同卡米拉一样，洛兹出于爱而帮助那些急需帮助的年轻人。与卡米拉不同的是，洛兹没有成立一个组织，她没有员工、场所，也没有任何经营性的费用开销。她只是一个人，外加一部手机。但她几乎单枪匹马，通过找到能够给年轻人带来真正工作的就业岗位，改变了几个“没有人愿意雇用”的年轻人的前途。

后来，得到她帮助的一位年轻人告诉我：“她是一个可爱的人。她所做的事情，任何人都可以去做，但要像她那样待人……她是与众不同的。”

但洛兹并不觉得自己与众不同。“任何人都可以做到我所做的，”她谦虚地说，“只要他们喜欢年轻人，并且有点空闲时间。”

缺乏金钱似乎可以成为我们的一个托词，我们常常听到这种说法：我们非常愿意帮助你，只是经济状况不允许。但洛兹和卡米拉的事例表明，真正的慷慨远远超过填写一张支票，或将硬币投进捐款箱里。她们拥有的资源是我们所有人都同样拥有且不会匮乏的资源。建立新学校可能不在我们的能力范围内，但是付出我们的关怀、关注和爱，无疑也是一种好选择。

五　以和平化解冲突

当我们想改变世界的时候，时常会意识到有许多人站在我们前方挡住我们的去路。在通常情况下，我们的反应是把他们归为“敌人”——和我们自己的纯洁相比，他们属于纯粹的邪恶分子——我们开始想方设法对付他们：在选举中打败他们，在晚会上戏弄他们，在报纸上发表文章嘲笑他们，朝他们的肚子来上一拳，或者在战斗中杀死他们。我们把克服困难、坚持追求善行与战胜所谓的敌人联系在一起。

在历史的长河中，世界上的大部分改变都是通过各种暴力征服来实现的。但我想强调的是，世界上仍然有很多例子表明，当两个有分歧的阵营互不否定对方的正当性时——虽然双方的立场存在分歧，但并不表示对方本质上是邪恶的或者双方是势不两立的——也能造就非凡的改变。

有一天，在一份反战反暴力的中间偏左的报纸上，我读到一位支持英国工党的女士所写的一篇文章。作者的身份并不重要，文章中的具体观点也不重要。它只是我碰巧读到的一篇文章而已。让我感到震惊的是文章中所使用的好战语言。

文章的标题便是敦促工党对保守党政府“采取战斗”，“夜以继日地”，用他们“强大的火力”进行“日常轰炸”，“投掷智能炸弹轰炸他们”，并发动“具有破坏性的辩论攻击”，从而“狠狠地打击政府”。

文章本身并不会给任何人带来身体伤害，而且我也相信，如果工党政治家真的投掷炸弹的话，作者一定甚是惊骇。但是这种写作方式等于不把政府以及政府中的工作人员当成活生生的人。我们每天都会在交谈中听到相似的例子。

如果我们赞同这种做法，那么像这样的战斗口号会使我们自认为是一群可以做大事的特殊团体。但这种做法同样会使得我们与全世界“为敌”——包括那些能被说服加入我们一起寻求改变的人。因此，想要有所改变，我们首先就是要认真对待那些微不足道，但却意义重大的抹杀人性的例子；如果我们想要生活在一个没有暴力的世界里，我们可以写信给那篇文章的作者，用最温和的方式，希望她为了创造积极的改变，尽量少用一点好战词汇作隐喻。并且，我们自己应该尽量不使用这类语言。

要化解这种抹杀人性的冲动，最急迫的莫过于解决武装冲突的威胁。那些与交战双方都交往甚密的人往往提到一些细微但值得注意的事实：如果你让交战双方走进同一个房间，让他们一起进餐，握握手，注视彼此的眼睛或者一起散步的话，要比在议会中进行辩论或者呼吁联合国部队的介入更能解决冲突。这些行为举止能够提醒双方，对方和你是同样的人，而这一点正是创造和平的关键。

这种重塑人性的一个著名的例子发生在1980年的罗德西亚，其时正值罗德西亚向津巴布韦的过渡时期，战争已经在白人和黑人之间持续了多年。1965年，在白人少数派统治下，由伊恩·史密斯领导的政府单方面宣布罗德西亚脱离英国独立。英国和联合国随即对罗德西亚实施国际制裁，罗德西亚国内也因游击战争而四分五裂。杀戮、折磨、强奸和抢劫成为普遍现象，六分之一的黑人背井离乡。后来，罗德西亚各方在伦敦会议上同意举行选举，并且达成了二十项重建和平的倡议，但根本没有用。不管选举结果如何，几乎没有人预测和平会出现。人们都清楚，政府武装部队的领导人已经做好准备，如果选举结果对白人少数派不利，就会发动政变；而非洲民族主义者数年后透露，一旦下达命令，他们也准备好“杀死眼前的每个白人”。

幸运的是，这场本有可能发生的灾难被最简单的方法避免了：史密斯和罗伯特·穆加贝在同一个房间内聚会，一起喝酒。一群白人和黑人组成的市民团体，在了解到大选之后即将发生的危险后，竭力说服史密斯去穆加贝的总部会面。当史密斯走进穆加贝的总部时，经过五十名全副武装的总部警卫，一名警卫大叫道：“现在就让我们消灭他！”顺势把枪指向史密斯——不过却被他的指挥官打倒在地。

如果我们在自己的社交圈中遇到难题时，不妨想想那天在总部里发生的非同寻常的情形：穆加贝邀请他的政敌坐在他身旁的沙发上，并就他们自己的情况以及他们对祖国的深爱和希望交谈了好几个小时。换句话说，他们找到了一个彼此的共同点，那就是：他们都是活生生的人。双方都知道，穆加贝可能会赢得选举。穆加贝大致描述了他想要奉行的政策，并强调他非常渴望能够维持和所有白人的信任关系。他还请教史密斯什么样的措施是必要的，并请史密斯提名两位内阁成员。在穆加贝竞选胜利后不久，史密斯随即宣布他接受这个结果，而且他已经会见过穆加贝，认为他是一个“通情达理的人”。史密斯还说，他决定留在这个国家，同时建议其他白人也留下来。当晚，穆加贝发表了全国讲话。他说：“我恳求你们，无论你是白人还是黑人，在新的历史阶段，加入到我们中来。忘记我们悲惨的过去，宽恕他人并忘掉仇恨。”

这看起来很简单，但当初无论是穆加贝还是史密斯，都觉得能够在不丧失颜面的情况下进行会谈是不可能的。他们需要局外人——也就是中立的一方——为他们做安排。在罗德西亚发生的一切是很有启发性的，它表明了甚至在最不可能发生的情况下，改变仍是有可能发生的。这个故事也使我们对争论和分歧有了更深刻的理解。

如果我们想要找到彻底解决外部冲突的办法，首先需要从解决内部冲突开始，因为正是这种内部冲突毒害了我们对待他人的思想、感情和态度。只要各方都确信自己才是正确的，那就无法解决任何冲突。只有当至少其中一方开始认为自己可能有错的时候，和解才有可能出现。判断我们是对还是错，真正的决定关键不在于我们的思想立场，而在于我们对待他人的态度。如果我们不尊重对方，不承认对方具有现实的利益和脆弱的一面，那么双方绝对无法协商出任何结果。

我们也必须认识到，我们不可能得到所有想要的好处，我们只能尽量避免不想要的坏处。彼得·爱默生毕生致力于以这种现实主义的方式来促进和平。爱默生的观点已经在冲突地区诸如波斯尼亚和他的家乡北爱尔兰（因为宗派团体间的武装暴力而长期分裂）经受了考验。爱默生提出的决策机制，目的是求得共识、利益共享，而不是扩大分裂。这个机制最初是由科学家让·查尔斯·波达在法国大革命时期设想出来的。由于这个系统依靠复杂的数学，所以在计算机问世之前很难付诸实践。但是对观看过欧洲歌曲大赛的人来说，波达计数法或者“排序投票制”并不陌生：投票者只需要依照喜好排列选项，从高到低排序就可以了。获奖选手不一定是个别投票者的第一选择，但是整体来说他必然比其他选手支持率都高。失败的选手尽管可能是一些投票者的第一选择，但整体来说他的支持率最低。排序投票制不仅适用于选人，也适用于选择政策。它可以用于政治领域，也可用于朋友之

/ 史密斯和穆加贝是死敌，但是他们的私人会谈让他们达成了协议。

间、俱乐部或办公室中。爱默生认为，无论在哪种情境下，人们总是有着相同的基本兴趣，只是偏好的优先顺序不同。排序投票制让人们认识到了这一点。人们可能不认同彼此的第一选择，但很容易在第二或第三选择上达成共识。

爱默生的经验中特别令人感兴趣的地方是，采用一项不同的技术来找到共识，可以改变人们看待他人的方式——之前他们视对方为对手，现在则把他们视为更像自己的同事。这是因为在排序投票制看来，没有谁会投票反对任何人。相反，你会投票给每一项选择，只是按照喜好进行排序罢了。无论如何，投票者至少必须投一票给自己反对的选项。“你必须完全接受每个人都是你的邻人，这样才有助于彼此的理解和适应，”爱默生说，“这是每个人与自己和解的过程。”如果某个人希望某项政策得以采纳，他不仅要说服温和的支持者变得更加坚定，并给出 9 ～ 10 票而不是只给出 6 ～ 7 票，而且还要说服反对者，让他们给予该政策 6 ～ 7 票而不是 1 ～ 2 票。你不能仅仅只对立场相同的人做常规宣传，还要温和地争取原本被视为对手而被忽略的人的支持，这样才能得到更多支持。因此，不仅是在文明的辩论过程中，而且是在随之而来的表决过程中，使用求同存异的系统，将会促进达成共识。

最终，当人们找到他们的共同利益时，就会发现自己能够忽略之前认为非常重要的差异。

从本质上来说，这种状况就是仁爱心的展现。仁爱心是指人们开始站在他人的立场上去看待问题。早年曾是修女的作家凯伦·阿姆斯特朗相信，仁爱是改变世界的关键。2008年，阿姆斯特朗因为她在该领域的多年工作而荣获了TED大奖。在颁奖典礼上，她希望TED帮助她成立、推动并宣传“仁爱宪章”（Charter for Compassion），“仁爱宪章”由来自世界各地各种主要信仰的重要思想家共同撰写。如今，“仁爱宪章”的网站已经上线，她的书《通向仁爱生活的十二个步骤》也已出版。

仁爱并不意味着“同情某人”（阿姆斯特朗发现这是人们常犯的错误）。仁爱意味着和他人共同承受某些事情，换位思考，把他人的痛苦当做是我们自己的痛苦一样去感受，因而能毫无保留地接受别人的观点。每种信仰都强调，仁爱是对神性的真正考验。每种信仰都有自己的黄金律，它要求我们要以希望他人对待我们的方式来对待他人，也就是：“己所不欲，勿施于人。”我们不仅要这样对待每一个人，更要这样对待我们的敌人。

“持怀疑态度的人说黄金律并‘不起作用’，但他们似乎并没有试用过，”阿姆斯特朗说，“黄金律不是教义，没有肯定或否定的问题。黄金律是一种方法，而且检测它的唯一办法就是实践它。”实践过的人们都宣告他们体验到了深刻而充实的存在——并坚信，如果去尝试的话，任何人都能够得到同样的体验。

想要培养更高层次的仁爱，必须亲自实践，就像专业运动员从事训练那样。有很多练习我们可以尝试。其中一种练习是想象一个亲人或朋友正在受苦。如果你把无家可归者想象成是你的父亲、兄弟或者儿子的话，就很难对他漠不关心了。

希望你的敌人过得健康幸福就更为困难了。确实如此，阿姆斯特朗认为，要对敌人的痛苦产生责任感，是培养仁爱的最大考验。起初，这似乎是不可能做到的。但如果我们的确能够做到这一点的话，简单地说，后面的事就会容易得多，我们就不会回到老路上。培养仁爱之心需要一辈子的修炼。我们每天都可能面临失败，但是我们不能放弃。

但是，从我们思想的隐秘深处产生的利他主义存在着巨大的危险，那就是：它可能会变成逃避现实中人与人之间的实际责任，并为平静、冷漠的隔绝生活予以合理化的一种巧妙手段。“我们对像‘人类’这样的抽象概念大谈爱和仁慈，”佛教徒兼作家杰克·康菲尔德说，“结果在现实中却尽可能地避免去爱任何一个具体的人。”或者换句话说，我们或许自认为我们爱每一个人——但实际上我们根本不想和那些很难相处或令人讨厌的真实个人来往。

这让我想起了几年前发生在我和朋友之间的事，当时我们闹翻了。我想描述一下我们的争执是怎么产生的以及最后的结果如何。我在这里提起这件事，是因为我知道，如果不加以遏制的话，这些日常的微小怨恨就会逐渐演变成冷漠的仇恨，进而变成暴力。如果不采取任何措施化解这些怨恨的话，这些不满甚至可能累积成爆炸性的大战。或者用另一种方式说，大规模的暴力总是源起于私底下的怨恨。

我从孩提时就认识了保罗。自打记事起，我们就非常亲密——就像亲兄弟一样。但是他长大后成了个大酒鬼，而且他醉酒时往往非常令人讨厌。我们的谈话很不愉快，他说的那些没有一句是有道理的。但我对他说的话既不是不理不睬，也不是一笑了之，反而会与他争论个不休。那时候看来，这样做似乎是正确的：这个男人在酗酒中浪费生命，他需要纠正这种行为。简而言之，我们彼此关系紧张——相互憎恶对方。（这就是为什么冲突解决专家认为，敌人其实是你的共谋，他和你不仅仅只有冲突。）

我现在已经不记得，最终究竟是什么导致我在圣诞节过后的一个晚上爆发了。争吵起因于他对我的指责，他指责我没有对他送的礼物表示感谢。他醉得很厉害，冲我狂吼，然后——我很羞愧地说，我还没弄清楚自己正在做什么，就朝他的肚子打了一拳。

从那以后，我们几乎有三年时间没有说过话。你也许会认为，没有他我会生活得更好。可是我们曾经那样亲密，我们之间的隔阂成了我日常生活中一个挥之不去的阴影。认识我们的人也感到很痛心。我想，如果我们共同认识的哪个朋友把我们聚到一起的话，事情就变得简单多了——就像穆加贝和史密斯那样。唯一的区别只是状况不太一样而已：作为大规模运动的领导者，穆加贝和史密斯需要第三方的援助，因为他们谁也不愿意冒丢脸的风险，害怕主动伸出橄榄枝却遭到对方的拒绝。不过个人之间私下的争吵却不同。当你只代表你自己时，你就比较容易冒丢脸的风险主动向对方伸出手。

但如果你正等着我说我先向保罗伸出手，勇敢地与他重修旧好的话，那么你是想错了。是保罗先向我伸出了手。

他这样做，使我有可能对他表示同情之心。事实上，在那种情况下，我认为很难不表示同情之心。

那是一个星期六的下午。他正在看一场足球赛。他给我打了电话，告诉我，他昨晚一个人在公园里喝了一夜的酒。然后他说他已经受够了。他提到他最近离婚了，生日也是独自一个人过的。然后他用他最大的声音——在球场观众的喧嚣声中仍能听到他的喊叫——他说他想要自杀。

在他给我打电话之前，我对他充满了怨恨和敌意。我特别厌恶他酗酒。现在他给我打电话，而且很明显，他已经喝得烂醉了。但是很清楚的一点是，他打电话来是真的想请求帮助，并且这已经产生了很大的效果：就在那一瞬间，我又成了他的老朋友。我曾经认识一个从事修复式司法工作的人，他告诉我经常会有这样的事：当罪犯被带到受害者面前时，他们会号啕大哭——而受害者也会惊讶地发现，自己也会被感动，愿意帮助罪犯重新走上人生正轨。当然，我并不是说保罗和我是罪犯和受害者——是我打了他，而不是他打了我——但是他的求助让我一下子改变了对他的态度。

我力劝他不要轻率行事，挂了电话之后，我找到了匿名戒酒会的电话。接电话的女士告诉我，必须要保罗本人打电话给戒酒会。

我开车去看保罗。我被他屋子的脏乱震惊了——一个贫民区的单人房，正对着一条繁忙的大街——还有他身上散发出的那股浓烈的酒精味，但我努力掩饰这种厌恶感。在接下来的一两个小时里，我努力说服他。我关心他，决不容许他有自杀的想法——而且许多其他朋友也是这么想的。这些话我只说对了一半：这么多年来，他的行径已经把那些“许多其他”朋友的数量减少得所剩无几了。

我再三要保罗打电话给匿名戒酒会，并把我所知道的该组织的信息简单告诉了他。当我离开的时候，我把写有匿名戒酒会电话号码的便条塞到了他手里。

我怀疑他是否会打电话给匿名戒酒会。一个星期过去了，他没有打电话：人们总是不去做我们想要他们做的事。不过后来他真的打了电话。他参加了一次聚会，然后又参加了第二次。突然，他每天都去匿名戒酒会，还详细讲了很多有关匿名戒酒会以及它著名的十二步戒酒法的事情。在具有相似经历的陌生人的帮助下，他保持了一个星期不酗酒，然后是一个月……现在，九年过去了，他没有再酗酒。他遇到了女朋友，搬进了一幢房子，而且他们生了一个孩子——一个小女孩。

我们再次成了亲密的朋友，并且在我需要的时候，他给予我支持作为对我的回报。

我讲这个自己的故事，是为了指出一些极其重要的事：解决冲突不仅仅只限于在国与国之间建立和平。解决冲突同样也包括如何对待自己的处境，如何处理我们与亲友的关系，看看我们与某人的关系是否需要维护。正如我在本书开头指出的那样，我们往往专注于具有历史性意义的事件——比如说像恺撒大帝、成吉思汗和哥伦布的各种成就——但这些成就不一定比我们日常做的小事更重要。

Conclusion

第四章　结　语

在本书的开头，我们看到，其实我们没有必要接受现状。随后，我们看到了各种方式来面对世界并和他人相处——并且引申开来，我们甚至可以培养更强烈的社区意识。但这些仅仅是例子，当你阅读本书的时候，我希望你能够对于如何做出积极的改变提出自己独到的见解。也许你一直持有这样的想法，那么，现在你应该为实现这些想法而行动了。

在开始行动之前，最后仍需要提醒你一下，我们需要接受这样一个事实：有时尽管我们已经尽了最大努力，但也有可能达不到预料的结果，甚至可能产生不良后果。

举一个例子来说，农业“绿色革命”使农民种植的粮食产量大大增加，从而让许多人免于饥饿，积极投身于“绿色革命”的科学家诺曼·博洛格也因此荣获了诺贝尔奖。但是，这种促进粮食增长的科学方法取得的巨大成功，却使全球人口激增到无法可持续发展的比例。同样，汽车的发明者间接使得人们往大气中排放大量的二氧化碳。旨在提高工人工资待遇和改善工作条件的工会，可能因此促使雇主将工作机会移往海外。金融工具的发明极大地促进了流动性，但无意中促成了对世界经济构成威胁的国际金融体系。

这样的例子不胜枚举。但是关键在于，这些人完全相信自己正在从事一些具有真正价值的事业（而不仅仅是为了自己），所以事后批评他们并非明智之举。如果我们处于他们的位置并拥有他们的能力的话，我们可能会做同样的事情，并接受人们的赞美，因为我们相信自己正在使世界变得更美好。

事实是，我们所做的任何事情都可能毫无益处，特别是对于那些时空上离我们非常遥远的人们来说，他们可能还得面临我们未能觉察到的隐性后果。意识到这一点，我们就不大会被热忱冲昏了头脑，这倒也不是一件坏事。在改变世界的过程中，我们一定要抱着谦卑的态度。

但具有这种意识并不是不让我们采取行动。它只是强调当下的重要性。如果我们能够预见我们的行动可能造成问题，我们就应该停下来重新思考。但如果我们真的想象不出可能会造成什么问题的话，也应该虚心地接受问题有可能发生这一事实，期望问题出现的时候，会有人想出办法来解决，然后继续做现在需要做的事。

如果我们想要有所作为，首先应该承认我们不可能解决每件事。接受了这一点，在面对自己没有最大限度地达到预期目标时，我们才不会感到气馁。焦虑是可以理解的，但是毫无必要。“如果因为自己能力有限就干脆什么也不做，这才是一个人所犯的最大错误。”爱尔兰政治家埃德蒙·伯克如是说。

如果我们犯了伯克所说的错误，就有可能迟迟不去着手行动，自欺欺人地说，等到将来条件更有利的时候，再去做一番大事——也就是我们找到一份新工作的时候，或者搬进大房子的时候，或者退休的时候。

当我们希望以这种方式来改变世界的时候，我们所使用的是“静态思维法”：就像我们想要画画，我们会把目标想象成一幅已完成的画作，安装好了精美的画框，希望有一天能将它挂在墙上。但问题是，没有人开始提笔作画。

对我们有用的是使用“过程思维法”。正如尼采所说：“终点不全是目标。旋律的结束就不是目标。”也就是说，我们去听音乐会，并不是希望音乐尽快结束，以便我们来欣赏它。我们是在音乐演奏的过程中欣赏它的。所以，不要把你的任务想象成一幅画，而是把它看作一首曲子。务必把眼光放得长远些。（事实上，如果你想知道你前进的目标的话，你必须这么做。尼采说：“……如果曲子还没有结束，你也不能说你已经达到了目标。”）但是确定了长期目标后，你就必须关注当下。问问你自己：在接下来的24小时里我能做些什么呢？如果你在24小时里什么事情也不做的话，你怎么会知道接下来你会做点什么呢？

如果旺加里·马塔伊没有关注每个细微的步骤，她的组织就不会种下几百万棵树木：“只有等你挖了一个洞，种下一棵树，给它浇水，让它成活，否则你什么也没做，”她说，“你只是在纸上谈兵而已。”

加尔各答的特蕾莎修女也持相同的观点：“我从来没有把大众看作是我的责任，”她说，“我只关注某个人。我一次只能爱一个人，只是一个，一个，接着一个，如此而已。起初，我只照顾一个人。也许，如果我没有照顾那个人的话，我就不可能照顾四万两千个人。整个工作只是大海中的一滴水。但如果我没有把这一滴水放入大海的话，那么大海就会少了一滴水。”

/ 尽己所能改变世界。捡“垃圾”的凯文每天在他的家乡威尔士附近捡拾垃圾。

我们只有靠一个个的细微行动，才能实现自己的目标。石匠建造了宏伟的大教堂，即使他死后，这座教堂仍矗立在那里。如此伟大的建筑物，石匠的建造方式却与伙伴所做的没什么差别：他同样要把石块打磨好，搬到特定的地方，就这样周而复始。

微小的行动很重要。苏菲派教导人们，我们的每个行动都像是为了挚爱的人而做的。其他宗教的信徒也可以把叠衣服这件事当成是为耶稣或佛祖叠长袍那样。甘地把这些细微的行动称作“幸福的单调”。甘地自己的巨大成就也是缓慢达成的，而且我们知道他经常从《薄伽梵歌》的片段中寻求安慰。书中克里希纳神要求我们练习业瑜伽——不去想是否会获得预期的结果，只努力做好眼前的工作。

如果我们采纳了这个建议，把我们的注意力从结果中移开，就会得到一个幸福的结果，那就是我们不会为了达到目的而不择手段。我们会使每个行动充满乐趣和价值。通过适当地关注细微的行动，我们开始认识到它们的本质：一连串微小的成功，都让我们有信心迎接下一个挑战——如同阿拉巴马州蒙哥马利的抗议者那样，他们一步一步前进，先从改变当地公共汽车乘坐规则开始，再一步步扩展到要求完全废除种族隔离；这对他们来说是一个先前根本想不到的理想。

你应该在你的日程表里设定一个时间，适当关注生活中的细微成功，并感受到它们真正的价值。设定一个时间（例如在每个周末）扪心自问，这个星期你收获了什么，下星期你的目标又是什么。这个简单的练习会对你很有帮助。

当你意识到自己已经收获颇丰时，你也许会希望调整你的长远计划。但是必须注意，不要把这些小步骤只视为大计划的一部分。你应该好好享受实践这些小步骤所带来的乐趣。

本书中的原则只有发自内心地遵从，它们才能发挥作用。书中提出的建议并非只是一堆招数，而是一种新的生活方式。如果你对养成新的生活习惯真的感兴趣，在你读完本书后，就把它带在身边，以供随时翻阅。问问自己，最近都做了些什么？有什么地方你能够做得更好？把你已经做得挺好的事情记录下来。要详细地记录下你的成功，写下每个具体的细节。因为正是这些细节，以及你所看到的本书中的故事，将给你勇气去面对更艰难的挑战。

改变世界是一份永无止境的工作。从这个意义上说，与其说它是一份工作，不如说它是一种精神状态：专注于事物的内容，愿意为此分担责任——关键不是让人绝望，而是设法让希望实现。

想要改变世界的人总是会找到事物的积极面，发现他人可能会忽略的资源，并且在意想不到之处找到志同道合者。他们目光远大，但绝不忽视眼前的微小行动。他们有仁爱之心，甚至非常谦卑，但是他们会把生命当作一场探险，而不是当成一系列无法控制的压迫性事件。他们不会抱怨这份工作永无尽头，他们始终快乐幸福，理由就是：因为他们总有值得的事情可做。

你可以成为他们中的一员。

延伸阅读

本书中的观点，借鉴了大量的书籍、文章、影片和谈话。下面列出来的名单非常有用，除了各章节所引用的资料之外，其他的内容也都值得大力推荐。

第二章　如何着手改变

一　战胜失败主义

列夫·托尔斯泰在他的随笔中写到个人的作为或不作为的重要性，这是他在写小说，尤其是史诗巨著《战争与和平》时意识到的。大约在二十世纪，一部相似的具有吸引力和全球影响力的大部头书叫做《更强大的力量》(*A Force More Powerful*)，是彼得·阿克曼（Peter Ackerman）和杰克·杜瓦尔（Jack DuVall）对非暴力运动的简要叙述。吉恩·夏普（Gene Sharp）的代表作《非暴力行动政治学》（*The Politics of Non-Violent Action*）学术性更强，他研究的广度之深和论证之严密，给广大读者留下了深刻印象。他认为，权力只有获得权力行使对象的同意后才能享有。当然，他的这一思想来自于甘地。甘地的著作也非常多：你可以从《我体验真理的故事——甘地自传》(*The Story of My Experiments With Truth*)开始看起。想要看描述反纳粹的抵抗组织的英文版图书，就一定要读安妮特·顿巴赫（Annette Dumbach）和朱迪·纽伯恩（Jud Newborn）所写的《索菲·舒尔和白玫瑰》(*Sophie Scholl and White Rose*)。

二 什么驱动着我们

追求幸福生活的思想是哲学、心理学和每个宗教传统的基石。在《我们要如何活着？》(*How Are We To Live?*)一书中，彼得·辛格（Peter Singer）用他自己许多具有挑战性的洞见，大量介绍了许多哲学思想。也许你还很想去看看康德、大卫·休谟、加缪、萨特、艾丽丝·默多克的著作。维克多·弗兰克尔（Viktor Frankl）、马丁·塞利格曼（Martin Seligman）、克里斯·约翰斯通（Chris Johnstone）分别从心理学和其他临床学科（和个人经验）中提出了极为实用的观点。对于宗教传统，我在这儿主要借助佛教的著作（不过我也会推荐其他宗教信仰）。史蒂芬·巴切勒（Stephen Batchelor）是一名虔诚的英国佛教徒，他在《与人相处》（*Alone With Others*）一书中，把他的专业知识与存在主义思想结合起来。一行禅师是一个在西方生活多年的越南高僧；他的书《佛陀之心》（*The Heart of the Buddha's Teaching*）结构清晰，综合全面，但是想要阅读更浅显作品的话，就看看他的《正念的奇迹》（*The Miracle of Mindfulness*）。理查德·尼尔森·鲍利斯（Richard Nelson Bolles）的书《你的降落伞是什么颜色？》（*What Color is Your Parachute?*）是写给求职者的，但是书里附有极好的自我评估测试。

三　策略的思考

在《消除生态灭绝》（*Eradicating Ecocide*）一书中，波利·希金斯（Polly Higgins）详细解释了为什么需要用法律（例如反对生态灭绝的法律）来保护地球。丽贝卡·索尔尼特（Rebecca Solnit）的书《黑暗中的希望》（*Hope in the Dark*）虽然并不那么直接，但是书中有许多令人难忘的关于寻求改变的方法。关于童子军的书当然首推罗伯特·贝登堡（Robert Baden-Powell）的《童军警探》

（*Scouting For Boys*，不过后来内容做了一些修改）。关于商人假装嬉皮士的故事源于基思·约翰斯通（Keith Johnstone）关于创造力的著作《即兴创作》（*Impro*）。

四　见证

阅读先知的书，当然首推《圣经》。不过特伦纳·科马克（Trenna Cormack）的书《成为改变》（*Be the Change*）内容比较新颖，书中采访了很多满怀希望的当代人，值得一读。戴尔·卡耐基的书《人性的弱点》你也要认真地读一读，书中的建议是实用的、积极乐观的，而且是持续不断的。

五　你需要什么

理查德·雷诺兹（Richard Reynolds）已经写了一本有关他自己的故事的有趣的书《园艺游击战》（*On Guerilla Gardening*）。为了找到更多和平指导慈善机构如何支持前少年士兵展开新生活的内容，请参考 www. peacedirect.org。

六　迈出第一步

乔安娜·梅西（Joanna Macy）的实验在她和莫利·杨格·布朗（Molly Young Brown）合著的《回望人生》（*Coming Back To Life*）一书中提到过。想更多地了解她的工作和其他实验的话，请登录 www.joannamacy.net。你可以在网络上找到在音乐节上一直跳舞的那个男人的视频。民权斗争的内容在吉恩·夏普的著作和阿克曼与杜瓦尔的合著《更强大的力量》中是有据可查的；但妇女政治委员会的引言来自《蒙哥马利巴士抵制运动和引领抵制的妇女：乔·安·吉布森·罗宾逊回忆录》（*The Montgomery Bus Boycott and the Women Who start it: The Memoir of Jo Ann Gibson Robinson*）一书，黛安娜·纳什的引言来自于凯瑟琳·英格拉姆（Catherine Ingram）的书《追随甘地的脚步》（*In The Footsteps of Gandhi*）。

第三章　什么需要改变以及如何改变

一　增添美和乐趣

蕾切尔·马修斯（Rachael Matthew）的博客网址是 www.prickyourfinger.com。如果你真的很想欣赏数百份来自世界各地的上传文件的话，那就花点时间登录网站 www.learningtoloveyoumore.com。

二　如何看待金钱

戴尔·文斯是 Ecotricity 风能环保公司的创始人，他的博客网址是：www.zerocarbonista.com。托比·欧德的网站是：www.givingwhatwecan.org。

三　让事情变得有吸引力

旺加里·马塔伊（Wangari Maathai）的自传《不屈的斗士：一个女人的故事》（*Unbowed: One Woman's Story*），是一本富有洞见、令人感动的作品。罗布·霍普金斯（Rob Hopkins）在《转型手册》（*The Transition Handwork*）一书中第一次陈述了他的观点。他的博客网址是：www.transitionculture.org。继著作《土壤和灵魂》（*Soil and Soul*）之后，阿拉斯泰尔·麦金托什（Alastair McIntosh）出版了同样启迪人心的书《赴汤蹈火》（*Hell and High Water*）。

四　爱的帮助

卡米拉·班特曼海利迪（Camila Batmanghelidjh）和几个年轻人合写了《疲惫不堪的生活》（*Shattered Lives*），以介绍她所从事的工作。这本书不仅具有影响力，而且也具有学术价值。

五　以和平化解冲突

伊恩·史密斯和罗伯特·穆加贝秘密会见一事，是由罗恩·凯瑞贝尔在道格拉斯·约翰斯顿和辛西娅·桑普森合著的《宗教：治国方略的缺失维度》（*Religion: The Missing Dimension Of Statecraft*）

一书中讲述的。彼得·爱默生（Peter Emerson）关于排序投票制的想法在德·波达研究所（网站为www.deborda.org）得到了推广。凯伦·阿姆斯特朗（Karen Armstrong）的书《通向仁爱生活的十二个步骤》(*Twelve Steps to a Compassionate Life*）借用了匿名戒酒会（网站为www.aa.org）的十二步戒酒框架，而后者实质上又是受到“道德重整”组织的启发。杰克·康菲尔德（Jack Kornfield）的说法来自于他的著作《狂喜之后》(*After the Ecstasy, the Laundry*)。

Notes